Kurs- und Übungsbuch mit Audios und Videos online

Deutsch echt einfach

für Jugendliche

von
Giorgio Motta

bearbeitet von
E. Danuta Machowiak
Silvia Dahmen (Phonetik)
Jan Szurmant (Landeskunde, Zwischenstopps)
Beata Ćwikowska (Videostationen)

Ernst Klett Sprachen
Stuttgart

Zu diesem Buch gibt es Audios und Videos, die mit der Klett-Augmented-App geladen und abgespielt werden können.

Klett-Augmented-App kostenlos downloaden und öffnen | Bilderkennung starten und **Seiten mit Audios oder Videos** scannen | Audios oder Videos laden, direkt nutzen oder speichern

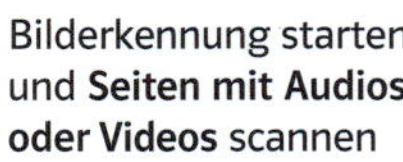

 Scannen Sie diese Seite für weitere Komponenten zu diesem Titel.

1. Auflage 1 5 4 3 | 2022 21 20

Alle Drucke dieser Auflage sind unverändert und können im Unterricht nebeneinander verwendet werden. Die letzte Zahl bezeichnet das Jahr des Druckes.

Giorgio Motta
bearbeitet von E. Danuta Machowiak, Silvia Dahmen (Phonetik),
Jan Szurmant (Landeskunde, Zwischenstopps), Beata Ćwikowska (Videostationen)

Deutsch echt einfach
Internationale Ausgabe:

Internetadresse: www.klett-sprachen.de

Redaktion: Beata Ćwikowska, Michael Krumm (MK Lektorat)
Beratung: Virginia Gil, Seniz Sutcu
Layoutkonzeption: grundmanngestaltung, Karlsruhe
Gestaltung und Satz: grundmanngestaltung, Karlsruhe
Umschlaggestaltung: Annette Siegel
Illustrationen: Monika Fucini, Turin
Reproduktion: Meyle + Müller GmbH + Co. KG, Pforzheim
Druck und Bindung: Elanders GmbH, Waiblingen

ISBN 978-3-12-676523-7

Inhaltsverzeichnis

Kursbuch-Teil

Lektion 6 VATI, MUTTI & CO

Lektion 7 HIER WOHNE ICH!

Lektion 10 WIE LÄUFT DEIN TAG AB?

Übungsbuch-Teil

Verwendete Symbole

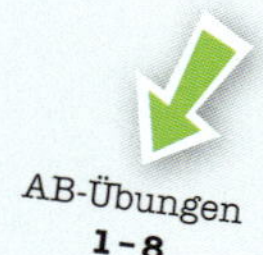	Hinweis auf passende Übungen im Übungsbuch
> HÖREN ▶ 12	Titelnummer der Aufnahme Dateien verfügbar unter: www.klett-sprachen.de/deutsch-echt-einfach-online
> FILM 3	Hinweis auf den passenden Videofilm Dateien verfügbar unter: www.klett-sprachen.de/deutsch-echt-einfach-online
Projektecke	Projekte für Gruppenarbeit
B 9 Bilde Sätze.	Übungen zum passenden Teil der Lektion im Kursbuch

Lektion 6 VATI, MUTTI & CO

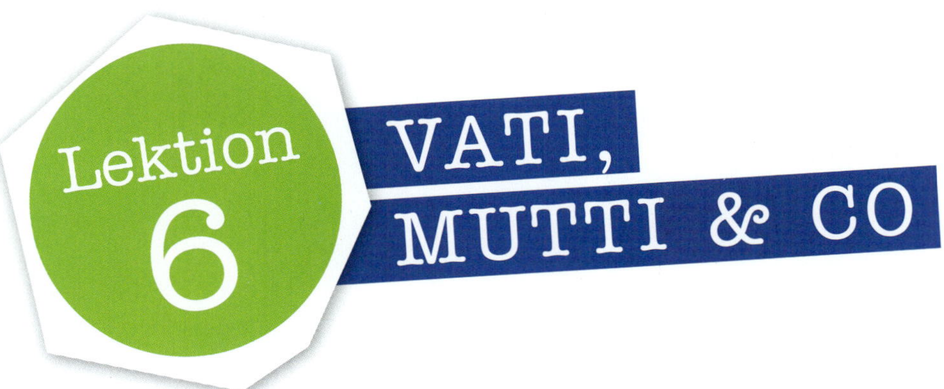

A Ich habe einen Halbbruder

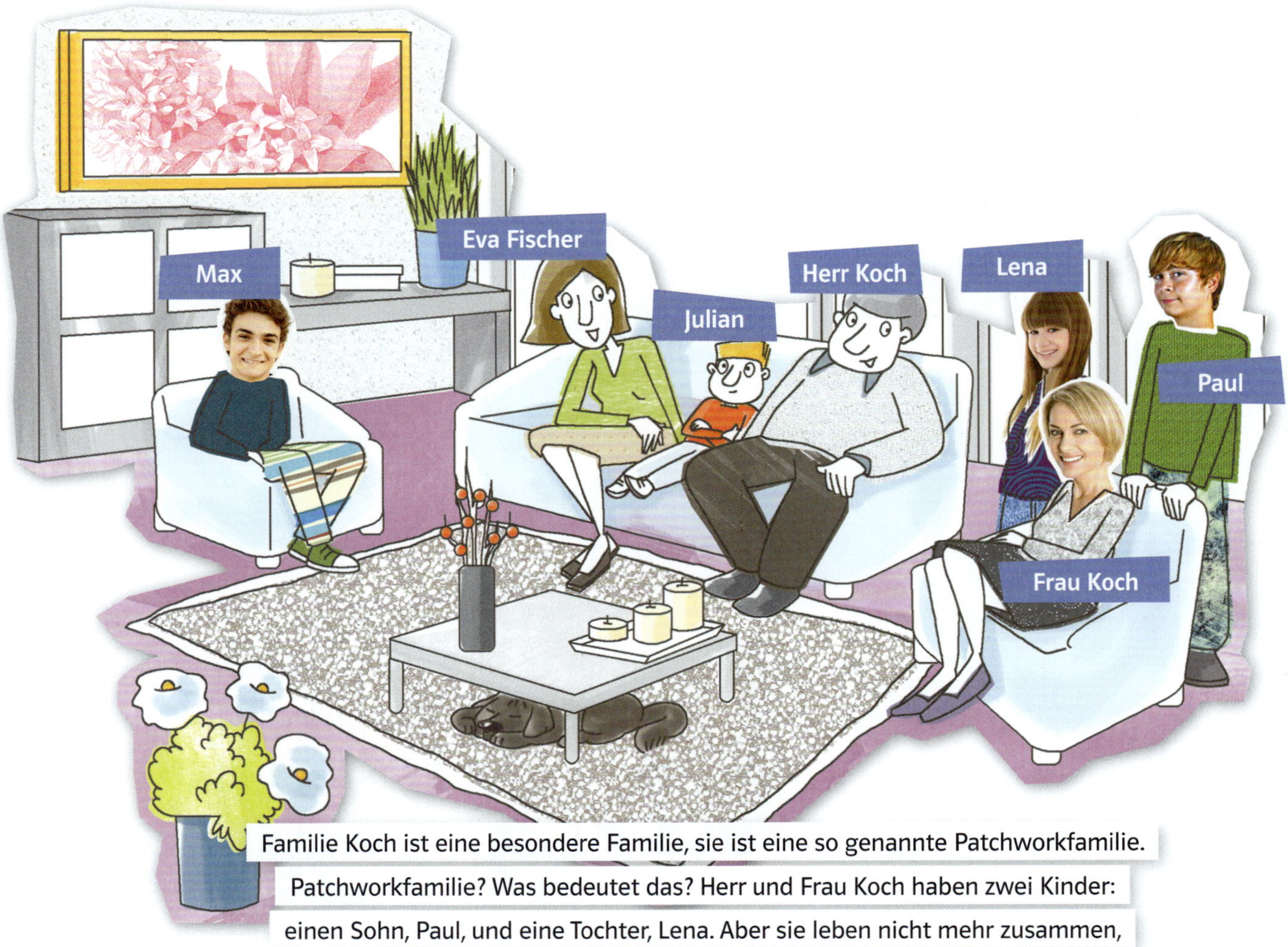

Familie Koch ist eine besondere Familie, sie ist eine so genannte Patchworkfamilie. Patchworkfamilie? Was bedeutet das? Herr und Frau Koch haben zwei Kinder: einen Sohn, Paul, und eine Tochter, Lena. Aber sie leben nicht mehr zusammen, sie sind geschieden. Paul und Lena wohnen bei ihrer Mutter.

Sie sind heute zu Besuch bei ihrem Vater. Herr Koch hat eine neue Frau, Eva Fischer. Sie sind verheiratet und wohnen also zusammen. Eva Fischer hat einen Sohn, Max. Max ist nicht der Sohn von Herrn Koch, aber er wohnt mit seiner Mutter zusammen bei ihm. Herr Koch und Eva haben einen gemeinsamen Sohn, Julian. Kompliziert?

1 Lies den Text und bilde Sätze. > LESEN

1. e Herr Koch ist …
2. Herr und Frau Koch sind …
3. Eva ist …
4. Eva ist …
5. Paul ist …
6. Lena ist …
7. Paul und Lena sind …
8. Julian ist der Sohn von …
9. Julian ist der Halbbruder von …

a. die Schwester von Paul.
b. Geschwister.
c. die zweite Frau von Herrn Koch.
d. Herrn Koch und Eva Fischer.
e. der Vater von Paul und Lena.
f. Paul, Lena und Max.
g. die Eltern von Paul und Lena.
h. die Mutter von Max.
i. der Bruder von Lena.

Grammatik
der Bruder **von Max**
die Schwester **von Pia**
der Hund **von Julia**

Herr Koch ist der Vater von Paul und Lena.

2 Zur Kontrolle: Hör zu und sprich nach. > HÖREN ▶ 53

3 Wer ist das? Bilde Minidialoge wie im Beispiel. > SPRECHEN

der Sohn von Eva Fischer
der Vater von Julian
die Tochter von Frau Koch
die Eltern von Julian
die Mutter von Max
der Halbbruder von Paul
die Halbschwester von Julian
der Bruder von Lena
der Stiefvater von Max
die Eltern von Lena

- Wer ist der Sohn von Eva Fischer?
- Max ist der Sohn von Eva Fischer.

- Wer ist Julian?
- Julian ist der Sohn von Herrn Koch und Eva Fischer. Er ist auch der Halbbruder von Paul, Lena und Max.

4 Hör zu und formuliere dann die Antwort. > HÖREN ▶ 54

5 Sieh dir das Foto an und schreib einen Text. > SCHREIBEN

Familie Lang ist eine Großfamilie. Zu Hause sind sie

6 Klassenumfrage. Sammelt Informationen und erzählt. > SPRECHEN

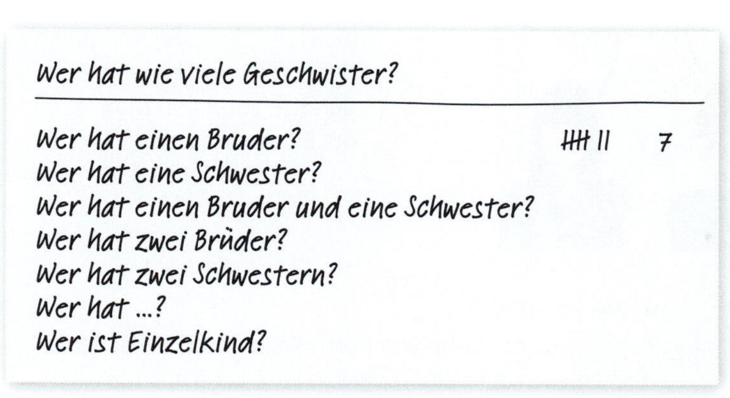

B Wir haben ein Haustier!

Wir wohnen in einem Haus mit Garten. Wir haben auch einen Hund, Fleck. Ich mag meinen Hund sehr. Er ist ein Mischling, nicht sehr groß. Ich gehe zweimal am Tag mit ihm spazieren. Ein Mal am Tag bekommt er Hundefutter und frisches Wasser. Fleck ist sehr intelligent: Ich rede mit ihm und er versteht alles. Er kann hoch springen und sehr schnell laufen. Wenn ich ihn rufe, kommt er zu mir.

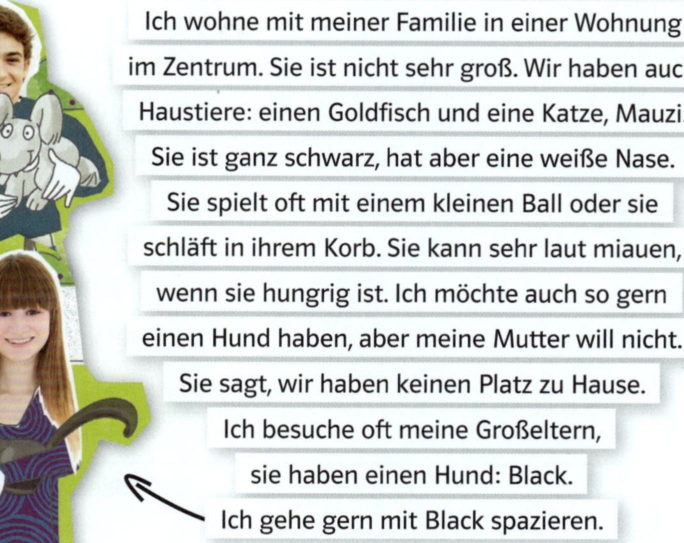

Ich wohne mit meiner Familie in einer Wohnung im Zentrum. Sie ist nicht sehr groß. Wir haben auch Haustiere: einen Goldfisch und eine Katze, Mauzi. Sie ist ganz schwarz, hat aber eine weiße Nase. Sie spielt oft mit einem kleinen Ball oder sie schläft in ihrem Korb. Sie kann sehr laut miauen, wenn sie hungrig ist. Ich möchte auch so gern einen Hund haben, aber meine Mutter will nicht. Sie sagt, wir haben keinen Platz zu Hause. Ich besuche oft meine Großeltern, sie haben einen Hund: Black. Ich gehe gern mit Black spazieren.

7 Hör zu und lies mit. Dann beantworte die Fragen. > HÖREN 55

1. Wo wohnt Max?
2. Wer ist Fleck?
3. Wie ist Fleck?
4. Wo wohnt Lena?
5. Hat Lena Haustiere? Welche?
6. Wie ist Mauzi?

8 Wir gehören auch zur Familie. Hör zu und sprich nach. > HÖREN 56

1

2

3

4

5

6

7

8

1. der Hund
2. die Katze
3. der Goldfisch
4. das Kaninchen
5. der Hamster
6. die Schildkröte
7. das Meerschweinchen
8. der Kanarienvogel

9 Ergänze die Tabelle und antworte. > SPRECHEN

einen	eine	ein	zwei, drei
			Hunde
			Katzen
			Goldfische
			Hamster
			Kaninchen
			Kanarienvögel
			Schildkröten
			Meerschweinchen

10 Kettenfragen. > SPRECHEN

Hast du Haustiere? ▶ Ja, ich habe **einen** Hund. Hast du Haustiere?
▶ Nein, ich habe leider keine Haustiere. Hast du Haustiere?
▶ Ja, ich habe zwei …

Grammatik

der Hamster	▶ **die** Hamster
der Hund	▶ **die** Hund**e**
die Katze	▶ **die** Katze**n**
der Vogel	▶ **die** V**ö**gel

11 Bildet Dialoge wie im Beispiel. > SPRECHEN

- Hast du **einen** Hamster?
- Nein, ich habe **keinen** Hamster, aber ich habe **eine** Katze!

12 Stell die Personen vor. > SPRECHEN

Sebastian, 14
Frankfurt
1 Schwester (Susi)
1 Hund (Trixi)

Thomas, 15
Freising / München
2 Brüder (Timo, Alex)
1 Meerschweinchen (Dido)

Martina, 13
Pinneberg / Hamburg
Einzelkind
1 Katze (Laska)

Regina, 15
Graz / Österreich
1 Bruder (Peter)
1 Kanarienvogel (Tschipi)

Also, Thomas ist 15 und wohnt in Freising. Das liegt bei München. Thomas hat zwei Brüder. Sie heißen Timo und Alex. Thomas hat auch ein Meerschweinchen. Es heißt Dido.

C Wann ist deine Oma geboren?

13 Hör zu und sprich nach. Beantworte dann die Fragen. > HÖREN ▶ 57

14 Wie liest man das Jahr? Hör zu und sprich nach. > HÖREN ▶ 58

1789 1815 1871 1945 1990 2000 2015

15 Kettenfragen. > SPRECHEN

Wann bist du geboren? ▶ Ich bin … geboren. Wann ist deine Schwester geboren? ▶ Sie ist … geboren. Wann ist dein Vater geboren? ▶ Er ist …

16 Wann sind sie geboren? Wann sind sie gestorben? > SPRECHEN

Albert Einstein
1879–1955

Marlene Dietrich
1901–1992

Thomas Mann
1875–1955

Romy Schneider
1938–1982

17 Olga beschreibt ihre Familie. Hör zu und lies mit. > HÖREN 59

Der Stammbaum von Olgas Familie

Ich habe eine große Familie – 14 Personen! Mein Vater heißt Rainer, er ist 40 Jahre alt. Meine Mutter Dagmar ist 38. Sie ist sehr lieb und sie kann sehr gut Auto fahren! Mein Vater mag Sport und kann sehr gut Basketball spielen. Ich habe einen Bruder Michael und eine Schwester Elke. Mein Bruder mag Musik und hat viele CDs. Er kann sehr gut Gitarre spielen. Er ist etwas chaotisch. Elke dagegen ist pedantisch, sie mag Mathematik und Physik. Lena ist meine Cousine und Paul ist mein Cousin. Lena ist die Tochter von Onkel Günter und Tante Claudia. Und Paul ist der Bruder von Lena. Paul ist ein Computerfan. Er kann sehr gut Computergames spielen. Lena ist auch meine beste Freundin. Wir gehen oft zusammen ins Kino. Wir mögen Filme. Ich habe noch eine Tante. Sie heißt Beate. Sie ist fröhlich und kann sehr gut Italienisch und Englisch sprechen. Ich habe zwei Omas und zwei Opas. Super, nicht wahr? Sie sind lustig und klug. Sie können interessant erzählen. Ich besuche sie sehr oft!

18 Ich frage, du antwortest … Bildet Dialoge. > SPRECHEN

- Wer ist Michael?
- Er ist der Sohn von Rainer und Dagmar. Aber er ist auch der Cousin von Lena und Paul.

- Was kann Michael sehr gut machen?
- Er kann sehr gut Gitarre spielen.

- Wer ist Rainer?
- Er ist der Vater von Olga. Er ist auch der Vater von Michael und Elke.

- Was mag Rainer?
- Er mag Sport.

19 Meine Familie. Ergänze die Tabelle. Stell dann deine Familie vor. > SPRECHEN

Wer?	Name	Alter	Er/Sie ist …	Er/Sie kann (nicht) …	Er/sie mag (nicht) …
meine Mutter					
mein Vater					
mein Bruder					
…					

Ich habe einen Bruder. Er heißt …

Meine Eltern heißen …

Meine Schwester mag …

Ich habe zwei Tanten …

Mein Onkel kann sehr gut …

Ich habe auch einen Hund und eine Katze …

AB-Übungen **18–24**

Phonetik

1a *u* oder *ü*? Hör die Wortpaare. > HÖREN 60

a. Bruder – Brüder **b.** Mutter – Mütter **c.** Frau Muller – Frau Müller **d.** Herr Gute – Herr Güte

1b Du hörst jetzt eines der beiden Wörter. Markiere. > HÖREN 61

2a *o* oder *ö*? Hör die Wortpaare. > HÖREN 62

a. Vogel – Vögel **b.** Ohr – Öhr **c.** Frau Scholler – Frau Schöller **d.** Herr Toppers – Herr Töppers

2b Du hörst jetzt eines der beiden Wörter. Markiere. > HÖREN 63

3 Sprich die Wortpaare aus 1a und 2a laut aus.

Das Verb *haben* im Präsens

	haben
ich	**habe**
du	**hast**
er, sie, es	**hat**
wir	**haben**
ihr	**habt**
sie, Sie	**haben**

Deine Beispiele

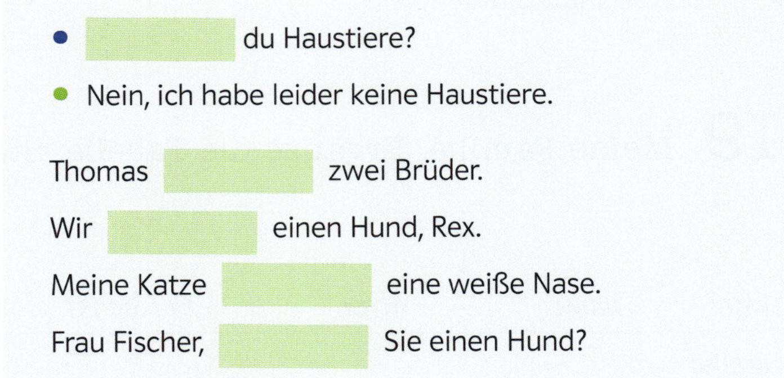

Die Präposition *von*

Die Eltern **von Lena** sind sehr lustig.
Der Hund **von Max** heißt Pablo.
Der Bruder **von Thomas** ist 16.
Das Haus **von Julia** ist modern.
Die Schultasche **von Leonie** ist schwer.

Personalpronomen (Nominativ)

der Hund ▶ Er heißt Pablo.
die Katze ▶ Sie heißt Mieze.
das Kaninchen ▶ Es heißt Frick.
die Goldfische ▶ Sie heißen Splish und Splasch.

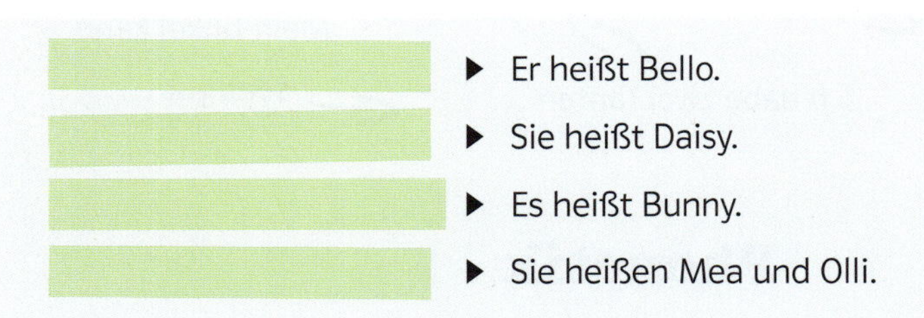

Das Possessivpronomen *mein, dein* (Nominativ)

Singular		
mein / dein	meine / deine	mein / dein
Vater Bruder Hund	Schwester Mutter Katze	Kaninchen Mineralwasser Mathebuch

Plural
meine / deine
Eltern Cousins Haustiere

Plural

-e	das Pferd ▶ die Pferde der Fisch ▶ die Fische	
-n	die Schwester ▶ die Schwestern die Katze ▶ die Katzen	
¨	der Vater ▶ die Väter der Vogel ▶ die Vögel	
–	der Hamster ▶ die Hamster das Kaninchen ▶ die Kaninchen	
-s	die Oma ▶ die Omas der Opa ▶ die Opas	

Deine Beispiele

der Hund ▶
das Deutschheft ▶
die Schildkröte ▶
die Schultasche ▶
der Onkel ▶
das Mäppchen ▶
der Ordner ▶
der Laptop ▶
das Handy ▶

Fragewort *wann*

Wann ist dein Bruder geboren?
Wann gehen wir ins Kino?
Frau Krause, **wann** spielen Sie Tennis?
Wann gehst du zur Schule, Fabian?

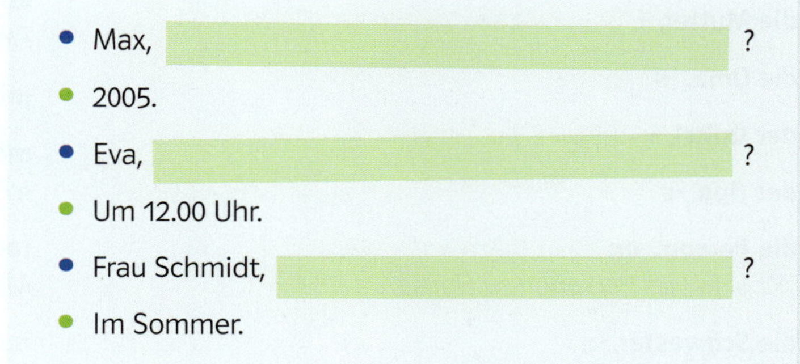
- Max, ______ ?
- 2005.
- Eva, ______ ?
- Um 12.00 Uhr.
- Frau Schmidt, ______ ?
- Im Sommer.

Das Modalverb *können*

	können
ich	**kann**
du	**kannst**
er, sie, es	**kann**
wir	**können**
ihr	**könnt**
sie, Sie	**können**

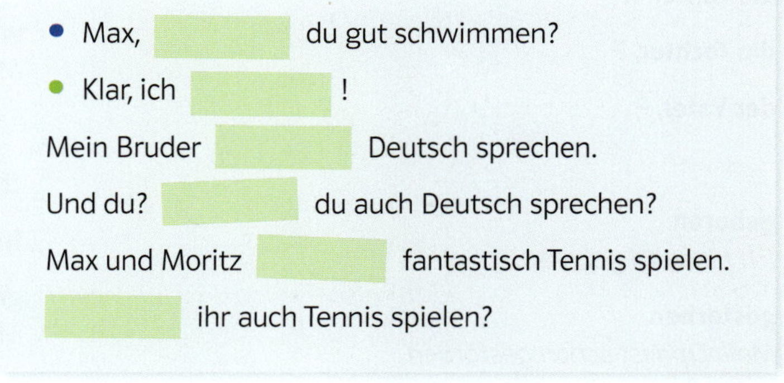
- Max, ______ du gut schwimmen?
- Klar, ich ______ !

Mein Bruder ______ Deutsch sprechen.
Und du? ______ du auch Deutsch sprechen?
Max und Moritz ______ fantastisch Tennis spielen.
______ ihr auch Tennis spielen?

Das Modalverb *mögen*

	mögen
ich	**mag**
du	**magst**
er, sie, es	**mag**

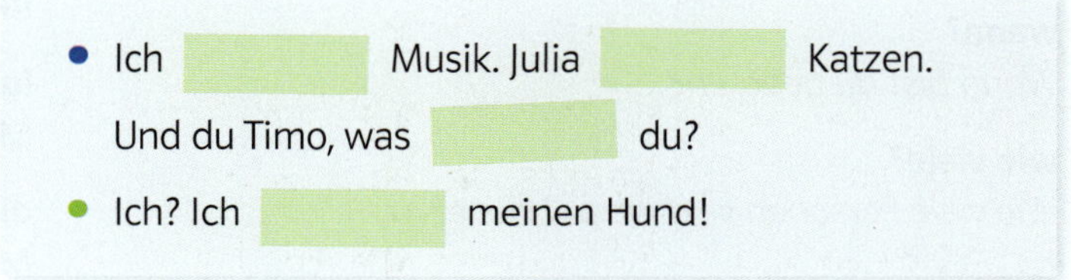
- Ich ______ Musik. Julia ______ Katzen.
  Und du Timo, was ______ du?
- Ich? Ich ______ meinen Hund!

Wichtige Wörter

der Bruder, ¨
Ich habe einen Bruder.

der Cousin, -s

die Cousine, -n

das Einzelkind, -er
Ich bin Einzelkind.

die Eltern (Plural)

die Familie, -n

die Geschwister (Plural)
Hast du Geschwister?

die Großeltern (Plural)

der Halbbruder, ¨

die Halbschwester, -n

die Mutter, ¨

die Oma, -s

der Onkel, -

der Opa, -s

die Person, -en
Wir sind vier Personen zu Hause.

die Schwester, -n

der Sohn, ¨e

die Tante, -n

die Tochter, ¨

der Vater, ¨

geboren
Ich bin 2001 geboren.

gestorben
Mein Opa ist schon gestorben.

bei
Wie ist es bei dir, Lena?

wann?
Wann bist du geboren?

wie viele?
Wie viele Personen seid ihr zu Hause?

von
Wie heißt der Sohn von Frau Fischer?

besuchen
Ich besuche oft meine Großeltern.

das Haus, ¨er
Ich wohne in einem Haus mit Garten.

der Platz, ¨e
Wir haben keinen Platz zu Hause.

die Wohnung, -en
Wir wohnen in einer Wohnung im Zentrum.

zu Besuch
Familie Koch ist heute zu Besuch.

das Haustier, -e
Hast du Haustiere?
Ich möchte gern ein Haustier haben.

können (ich / er / sie kann)
Fleck kann sehr hoch springen.

miauen

mögen (ich / er / sie mag)
Ich mag meine Haustiere.

reden
Max redet mit Fleck.

rufen

spazieren gehen
Ich gehe zweimal am Tag spazieren.

wollen (sie will)
Meine Mutter will es nicht.

chaotisch

fröhlich

groß
Meine Katze ist nicht sehr groß.

intelligent
Mein Hund ist sehr intelligent.

klug

lieb

lustig
Meine Großeltern sind sehr lustig.

die Nase, -n
Meine Katze hat eine weiße Nase.

Landeskunde

1 Lies den Text und beantworte die Frage.

Schäferhund oder Dackel?

In Deutschland gibt es 31 Millionen Haustiere. Normalerweise ist die Frage: „Hund oder Katze?" Wir sind heute in Dortmund, fragen Leute auf der Straße aber: „Schäferhund oder Dackel?" Da ist schon ein Mädchen. Sie antwortet: „Das ist klar, ganz klar. Ein deutscher Schäferhund. Schäferhunde sind elegant und schön". Und dann zeigt sie ein Foto auf dem Handy und sagt: „Das ist mein Schäferhund". Weiter geht es. Da kommt ein alter Mann. Mit Dackel! Wir fragen ihn: „Schäferhund oder Dackel?" Er lacht und sagt: „Dackel natürlich. Ich bin klein und habe kurze Beine. So wie mein Dackel". Wir fragen noch einen Jungen. „Mein Opa hat einen deutschen Dackel. Dackel sind aber Hunde für alte Leute. Ich finde Schäferhunde besser. Aber ich habe leider keinen. Nur einen Vogel". 2:1 für den Schäferhund. Das passt zur Statistik: 1 Million Schäferhunde leben in Deutschland, aber nur 300.000 Dackel. Und was antwortet ihr?

Welche Haustiere haben die drei Personen (nicht)?

1. Das Mädchen hat …
2. Der alte Mann hat …
3. Der Junge hat …, aber …

Projektecke Fakten zu Schäferhunden und Dackeln

Sammelt per Internet die Daten und Fakten zu Schäferhunden und Dackeln.

In Deutschland gibt es ______ Schäferhunde und ______ Dackel.

Ein Schäferhund wird ______ Jahre alt, ein Dackel ______ Jahre.

Ein Schäferhund ist ______ cm groß, ein Dackel ______ cm.

Ein Schäferhund wiegt ______ kg, ein Dackel ______ kg.

Noch mehr Fakten und Daten: ______

ZWISCHENSTOPP 6

1 Ergänze die Lücken mit den Wörtern. > LESEN

Mutter • Sohn • Frau • Opa • Enkel • Bruder • Sohn • Vater • Tochter

A

Mein Name ist Markus. Klar, Familie ist wichtig. Aber ich muss viel arbeiten und habe nur wenig Zeit. Oft reise ich ins Ausland und bin dort ein paar Wochen. Aber meine ______ ist immer mit meinem ______ Martin und meiner ______ Melanie. Zum Glück gibt es Telefone und Skype. Egal, wo ich bin – in Rio de Janeiro, in Peking oder St. Petersburg: So habe ich immer Kontakt zu meiner Familie. Und ich freue mich schon auf Weihnachten. Da sind wir alle zusammen.

B

Ich heiße Melanie. Ich liebe es, wenn mein ______ erzählt, wie das Leben vor 60 Jahren war. Echt interessant! Mein ______ Martin und ich sind oft da. Mein ______ ist leider oft weg. Er muss im Ausland arbeiten. Aber meine ______ ist immer mit uns. Sie arbeitet nur bis 13 Uhr. Da sind wir ja noch in der Schule. Weihnachten und Ostern feiern wir immer mit der kompletten Familie. Das ist superschön!

C

Ich heiße Gerald. Familie? Das ist mir sehr wichtig. Zum Glück besuchen mich meine ______ oft. Nicht nur an Weihnachten oder Ostern, sondern oft einfach so, an einem normalen Tag oder am Wochenende. Ich erzähle dann aus meinem Leben, wie es war, als ich jung war. Leider hat mein ______ nicht viel Zeit. Er muss viel arbeiten. Aber bald ist Weihnachten – da ist er natürlich da.

2 Hör zu und notiere. Dann erzähle. > HÖREN 64

Namen:		Herkunft:	
Alter:		Geschwister:	
Wohnort:		Haustiere:	

3 Schreib einen Text über deine Familie. > SCHREIBEN

Meine Familie ist …	groß / klein.
Zu Hause sind wir …	zwei / drei / vier / … Personen.
Meine Eltern heißen …	…
Meine Eltern sind …	40 / 45 / 51 / … Jahre alt.
Mein Vater mag …	Sport / Konzerte / …
Meine Mutter mag …	Musik / Kino / …
Ich habe …	einen Bruder / zwei Brüder / eine Schwester / zwei Schwestern / …
Ich habe …	keine Geschwister.
Ich bin …	Einzelkind.
Wir haben viele Haustiere: …	einen Hund / zwei Hunde / eine Katze / drei Goldfische …
Wir haben leider …	keine Haustiere.
Wir wohnen …	in einem Haus mit Garten / in einer Wohnung.
Ich kann / Meine Schwester kann …	sehr gut schwimmen / gut Englisch sprechen / Flöte spielen.

4 Wer bin ich? Spielt zusammen. > SPRECHEN

Schreib den Namen eines Tiers auf einen Klebezettel. Zeig niemandem, welches Tier das ist. Klebe den Zettel auf den Kopf einer Mitschülerin oder eines Mitschülers. Sie oder er stellt Ja / Nein-Fragen und muss raten, welcher Tiername auf dem Zettel steht.

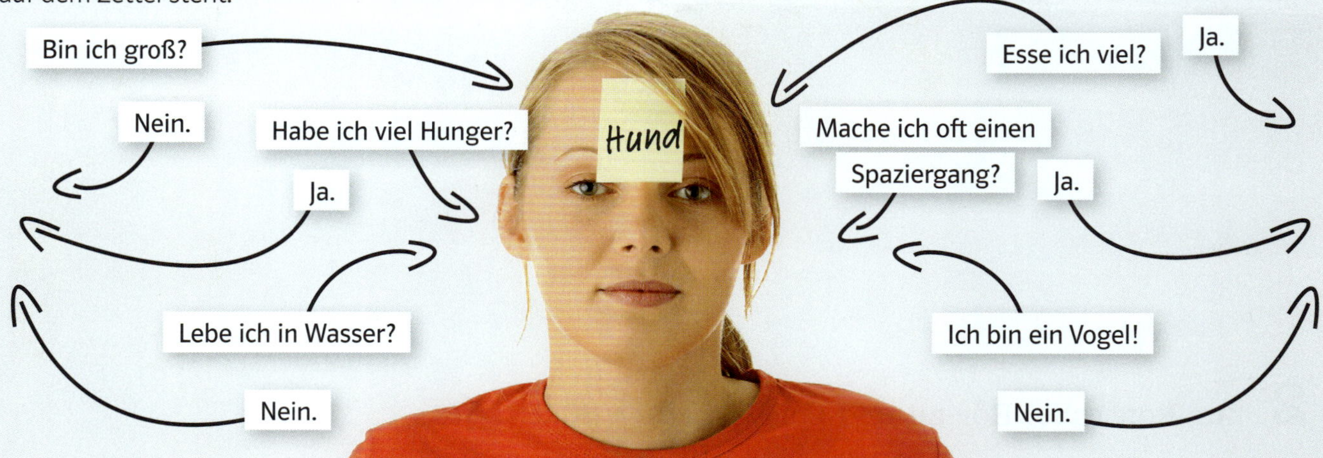

A Das ist unsere Wohnung

Das ist unsere Wohnung. Sie liegt direkt im Zentrum. Wir wohnen hier seit zwei Jahren. Die Wohnung ist nicht sehr groß: 70 m^2 (Quadratmeter). Sie hat zwei Schlafzimmer, ein Wohnzimmer, eine Küche, ein Bad und einen kleinen Balkon. Die Wohnung liegt im 3. (dritten) Stock. Die Nachbarn sind nett und auch die Gegend ist schön: Es gibt einen kleinen Park.

1 Lies den Text und bilde die Sätze. > LESEN

Die Wohnung von Lena — ist / hat / liegt — eine Küche. / drei Zimmer. / im Zentrum. / nicht sehr groß. / einen Balkon. / ein Wohnzimmer. / im dritten Stock. / zwei Schlafzimmer.

Die Wohnung von Lena hat eine Küche.

2 Zur Kontrolle: Hör zu und sprich nach. > HÖREN ▶ 65

3 Antworte. > SPRECHEN

Wohnst du in einem Haus oder in einer Wohnung?
Wie groß ist dein Haus / deine Wohnung?
Wie viele Zimmer hat dein Haus / deine Wohnung?
Hat dein Haus / deine Wohnung einen Garten / einen Balkon / eine Terrasse …?
Ist dein Haus / deine Wohnung groß / klein / gemütlich / schön …?
Wohnst du gern in deinem Haus / deiner Wohnung?
Wie sind die Nachbarn? Nett / (un)sympathisch …

4 Was antwortet Rita? Hör zu und ordne die Antworten zu. > HÖREN 66

1. Ganz schön, aber klein!
2. Nicht sehr groß, aber hell!
3. Nicht so gut.
4. Gut, danke!

5 Bildet Minidialoge. > SPRECHEN

- Wie gefällt dir mein Wohnzimmer?
- Sehr schön!

das Zimmer
die Wohnung
das Haus
der Garten
das Arbeitszimmer
das Bad
der Balkon
die Terrasse

Fantastisch!
Sehr schön!
So gemütlich!
Schön groß!
Schön groß und hell!
So praktisch!

Nicht so gut!
Nicht sehr hell!
Nicht sehr groß!
Ganz schön, aber klein!
Ganz groß, aber nicht sehr gemütlich.

AB-Übungen
1 – 9

B Wie findest du mein Sofa?

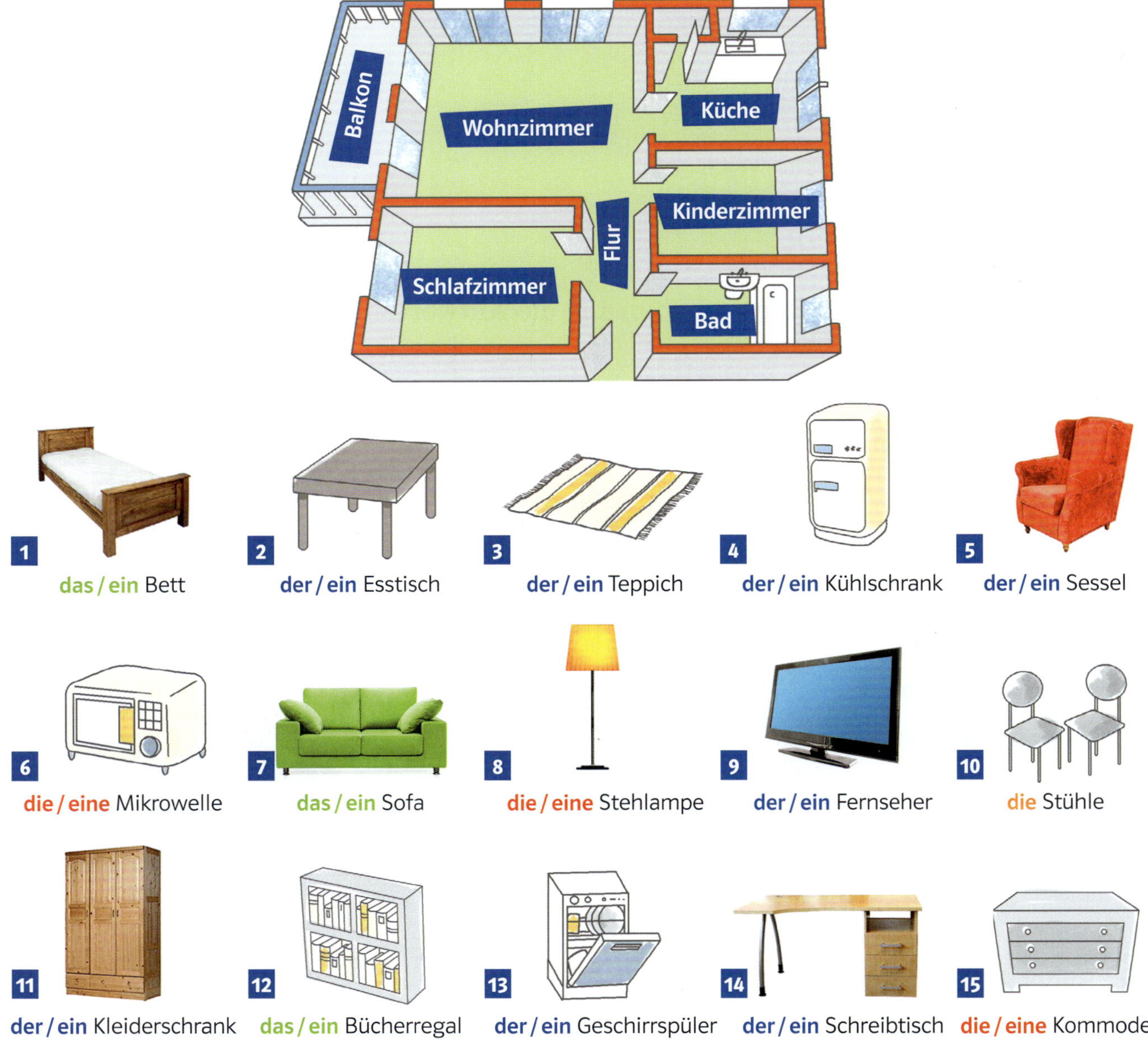

6 Hör zu und sprich nach. > HÖREN ▶ 67

7 Schau dir das Bild eine Minute lang an. Dann mach das Buch zu.
Nenne so viele Dinge wie möglich. > WORTSCHATZ

8 Ich frage, du antwortest … > SPRECHEN

- Ist Nummer 5 ein Sessel?
- Ja, Nummer 5 ist ein Sessel.

- Ist Nummer 4 ein Geschirrspüler?
- Nein, Nummer 4 ist kein Geschirrspüler. Nummer 4 ist ein Kühlschrank.

9 Wie lautet der Plural? Hör zu und ergänze. > HÖREN 68

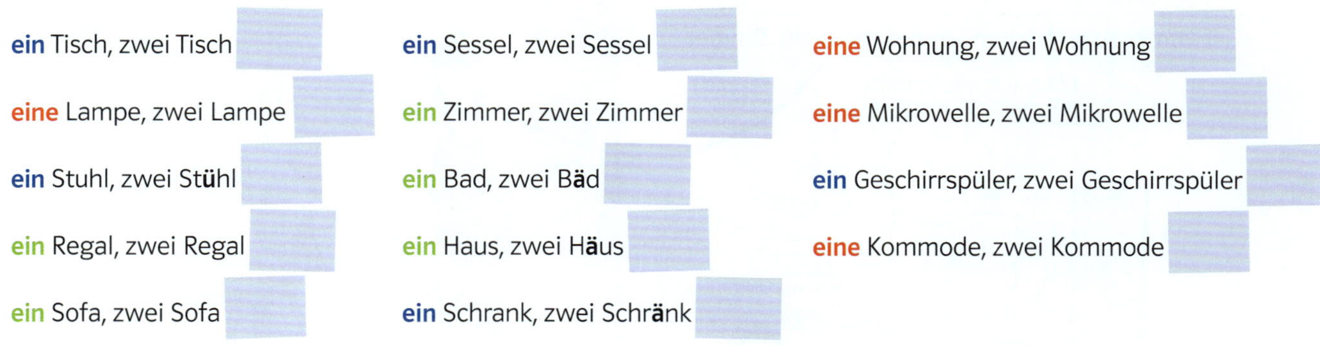

ein Tisch, zwei Tisch ___
eine Lampe, zwei Lampe ___
ein Stuhl, zwei Stühl ___
ein Regal, zwei Regal ___
ein Sofa, zwei Sofa ___

ein Sessel, zwei Sessel ___
ein Zimmer, zwei Zimmer ___
ein Bad, zwei Bäd ___
ein Haus, zwei Häus ___
ein Schrank, zwei Schränk ___

eine Wohnung, zwei Wohnung ___
eine Mikrowelle, zwei Mikrowelle ___
ein Geschirrspüler, zwei Geschirrspüler ___
eine Kommode, zwei Kommode ___

10 Hör zu und kreuze die Antwort an. > HÖREN 69

Wem gefällt das Sofa von Lena?

- [ ] Der Mutter.
- [ ] Paul.

11 Bilde Minidialoge. > SPRECHEN

- Wie findest du **den** Sessel?
- Ich finde **ihn** sehr bequem.

- Und wie findest du **die** Stehlampe?
- Ich finde **sie** modern.

schick	nützlich	(un)bequem
originell	altmodisch	groß
schön	(un)praktisch	modern

Grammatik

Personalpronomen (Akkusativ)

den Sessel ▶ ihn
die Lampe ▶ sie
das Sofa ▶ es

die Stühle ▶ sie

AB-Übungen
10 – 18

C In meinem Zimmer

12 Wer sagt was? Hör zu, lies mit und kreuze an. > HÖREN ▶ 70

	Lena	Max
1. Das Zimmer ist ziemlich klein.		
2. Ich habe einen Sessel in meinem Zimmer.		
3. In meinem Zimmer habe ich genug Platz.		
4. In meinem Zimmer habe ich nicht viel Platz.		
5. Ich finde mein Zimmer schön.		
6. Ich möchte ein Zimmer nur für mich haben.		
7. In meinem Zimmer mache ich Hausaufgaben.		
8. Ich habe nur einen Schrank in meinem Zimmer.		

13 Was hast du in deinem Zimmer? Ergänze die Tabelle und erzähle. > SPRECHEN

einen	eine	ein	zwei, drei

In meinem Zimmer habe ich …

14 Erzähle über dein Zimmer. > SPRECHEN

Bist du gern in deinem Zimmer?

Hast du ein Zimmer nur für dich?

Wie ist dein Zimmer?

Was hast du dort?

Teilst du dein Zimmer mit deinem Bruder / deiner Schwester?

Was machst du dort?

Wie sind die Möbel?

Phonetik

1 Lang oder kurz? Hör die Namenpaare. > HÖREN 71

lang	kurz	lang	kurz
Frau Mahler	Frau Maller	Frau Mehler	Frau Meller
Frau Mühler	Frau Müller	Frau Mieler	Frau Miller
Frau Mohler	Frau Moller	Frau Muhler	Frau Muller

2 Hör zu und kreuze an: Name 1, 2 oder 3? > HÖREN 72

Du hörst immer drei Namen. Zwei Namen sind gleich, einer ist anders. Welcher?

	a.	b.	c.	d.	e.	f.
Name 1						
Name 2						
Name 3						

3 Sprich die Wortpaare aus 1 laut aus.

Das Verb *gefallen* im Präsens

- Wie **gefällt** dir meine Wohnung?
- Sie **gefällt** mir sehr gut!

- Wie **gefällt** dir mein Haus?
- Es ist sehr schön.

- Wie **gefallen** dir meine Stühle?
- Sie **gefallen** mir nicht so gut.

- Wie **gefallen** dir meine Möbel?
- Sie sind sehr praktisch.

Deine Beispiele

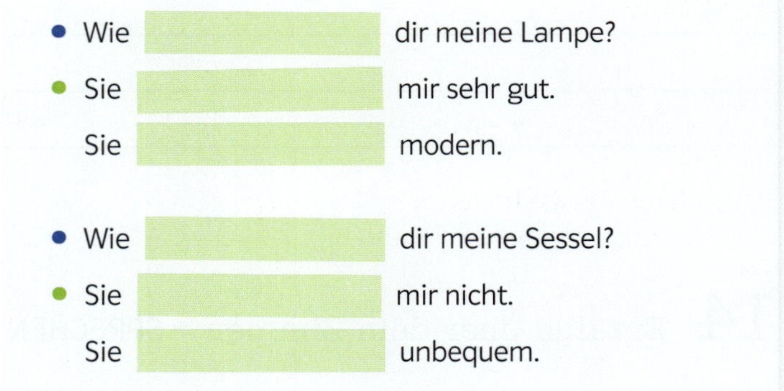

Das Verb *finden* im Präsens

	finden
ich	find-**e**
du	find-**e**-**st**
er, sie, es	find-**e**-**t**
wir	find-**e**-**n**
ihr	find-**e**-**t**
sie, Sie	find-**e**-**n**

arbeiten

ich	
du	
er, sie, es	
wir	
ihr	
sie, Sie	

Aussagesatz

I	II	III	IV
Dein Haus	gefällt	mir	sehr.
Mir	gefällt	dein Haus	sehr.
Ich	finde	dein Haus	schön.
Dein Haus	finde	ich	schön.

Dein Fernseher ______
Mir ______
Wir ______
Dein Laptop ______

Die Form *es gibt*

Was gibt es in der Gegend?

Es gibt **einen** Park.
Es gibt **eine** Pizzeria.
Es gibt **ein** Kino.

Was gibt es in deiner Gegend?
Es gibt **einen** ______
Es gibt **eine** ______
Es gibt **ein** ______

Personalpronomen (Nominativ, Akkusativ)

	Singular			Plural
Nominativ	er	sie	es	sie
Akkusativ	ihn	sie	es	sie

- **Der** Tisch ist super.
- Ja, **er** ist sehr originell. Und wie findest du **ihn?**

- **Die** Kommode ist bequem.
- Ja, **sie** ist sehr bequem. Und wie findest du **sie**?

- **Das** Sofa ist modern.
- Ja, **es** ist modern. Und wie findest du **es**?

- **Die** Stühle sind modern.
- Ja, **sie** sind modern. Und wie findest du **sie**?

- Wie findest du **den** Tisch?
- Ich finde **ihn** praktisch.

- Wie findest du **die** Kommode?
- Ich finde **sie** bequem.

- Wie findest du **das** Sofa?
- Ich finde **es** altmodisch.

- Wie findest du **die** Stühle?
- Ich finde **sie** modern.

Deine Beispiele

Der Hund ist sehr intelligent.
Ja, ______

Die Zeitung ist langweilig!
Ja, ______

Das Poster ist sehr originell.
Ja, ______

Die Bücher sind sehr interessant.
Ja, ______

Wie findest du **den** ______ ?
Ich finde ______
Wie findest du **die** ______ ?
Ich finde ______
Wie findest du **das** ______ ?
Ich finde ______
Wie findest du **die** ______ ?
Ich finde ______

Plural

-e	der Tisch der Teppich	▶ die Tisch**e** ▶ die Teppich**e**
-(e)n	die Stehlampe die Mikrowelle	▶ die Stehlampe**n** ▶ die Mikrowelle**n**
¨-e	der Stuhl der Schrank	▶ die St**ü**hl**e** ▶ die Schr**ä**nk**e**
-s	das Sofa das Handy	▶ die Sofa**s** ▶ die Handy**s**
¨-er	das Bad das Haus	▶ die B**ä**d**er** ▶ die H**ä**us**er**

Ich habe zwei (Regal) ______
Wir haben zwei (Mikrowelle) ______
In meinem Zimmer gibt es vier (Stuhl) ______
In meinem Zimmer hängen zwei (Poster) ______
Markus hat sehr viele (CD) ______
Hier gibt es sehr viele (Buch) ______

Wichtige Wörter

das Bad, ¨-er

der Balkon, -e
Die Wohnung hat einen Balkon.

der Flur, -e

der Garten, ¨

die Gegend, -en
Die Gegend ist sehr schön.

das Haus, ¨-er

die Küche, -n

liegen
Unsere Wohnung liegt im Zentrum.

der Nachbar, -n
Die Nachbarn sind nett.

der Stock, Stockwerke
Die Wohnung liegt im dritten Stock.

die Terrasse, -n

die Toilette, -n

das Zimmer, -
Wie viele Zimmer hat dein Haus?

altmodisch

(un)bequem
Das Sofa ist sehr bequem.

fantastisch

gemütlich

groß
Wie groß ist deine Wohnung?

hell

originell

(un)praktisch

schick

schön

sympathisch

toll
Die Lampe ist wirklich toll.

voll
Mein Kleiderschrank ist immer so voll!

finden
Ich finde die Wohnung schön.

gefallen
Wie gefällt dir unser Haus?
Wie gefallen dir die Stühle?

der Besuch, -e
Ich habe jeden Nachmittag Besuch.

chatten
Mein Bruder will chatten.

(ich) möchte
Ich möchte ein Zimmer für mich haben.

das Problem, -e
Das ist kein Problem!

sich streiten
Wir streiten uns oft.

teilen
Ich teile das Zimmer mit meinem Bruder.

treffen
Ich treffe meine Freunde auf Facebook.

der Treffpunkt, -e
Mein Zimmer ist auch ein Treffpunkt für meine Freunde.

wollen (ich will)
Ich will Musik hören.

(her)reinkommen
Komm rein!

für
Ich möchte ein Zimmer für mich haben.

direkt
Die Wohnung liegt direkt im Zentrum.

eigen
Ich habe mein eigenes Zimmer.

genug
Es gibt genug Platz in meinem Zimmer.

gern
Ich bin gern in meinem Zimmer.

jeder, jede, jedes
jeden Tag / Nachmittag / Abend

Landeskunde

1 Lies den Text und zeig auf den Fotos, wo was ist.

Fenster müssen tanzen

In Wien steht ein Haus, das nicht normal ist. Es ist ganz anders, als Häuser normalerweise sind. Viele Touristen gehen zu diesem Haus und fotografieren es. Der Architekt und Maler Friedensreich Hundertwasser hatte nämlich eine fantastische Idee: ein buntes, chaotisches und rundes Haus. Sein individueller Stil und seine Fantasie sind einzigartig. So ist kein Fenster wie ein anderes Fenster. Hundertwassers Motto: Fenster müssen tanzen. Auf dem Dach ist sogar ein grüner Park. Unglaublich, oder? Aber nicht nur in Wien gibt es ein Hundertwasserhaus. Auch in Darmstadt, Bad Soden, Magdeburg, Essen oder Uelzen in Deutschland, im Schweizer Altenrhein und im österreichischen Bärnbach stehen die wilden Häuser des Architekten. Und überall lieben die Menschen sie. Wie findet ihr Hundertwassers Häuser?

1. Da ist das Haus bunt.
2. Da ist das Haus rund.
3. Da ist das Haus chaotisch.
4. Das ist ein Fenster. Es tanzt. ☺
5. Das ist der Park auf dem Dach.

Projektecke **Hundert bunte Häuser**

Sucht im Internet nach Hundertwasserhäusern und macht eine Fotoausstellung. Welches Haus gefällt euch am meisten? Macht in der Klasse eine Rangliste. Dann zeichnet euer Traumhaus, beschreibt es und präsentiert vor der Klasse.

ZWISCHENSTOPP 7

1 Wer? Lies die Aussagen von Kunden und ordne zu. > LESEN

HostelBooking

83 % 👍 **673** von **808** HostelBooking-Kunden empfehlen das **Hostel Mozart** in Wien

Lage 97 %	Preis / Leistung 79 %
Personal 91 %	Internet 72 %
Atmosphäre 89 %	Sicherheit 68 %
Extras 84 %	Sauberkeit 54 %

A Kundenbewertung 1
vom 07.04.2014: Hostelfreak
Das war gut: Die Lage ist perfekt. Man ist sofort im historischen Zentrum von Wien.
Das war nicht so gut: Leider war das Hostel nicht sauber! Und jemand hat mein Smartphone gestohlen!

B Kundenbewertung 2
vom 28.05.2015: Kosmopolit_02
Das war gut: Das Personal vom Hostel ist super, super nett! Die Partys in der Kellerbar sind auch super.
Das war nicht so gut: Ich finde das Hostel Mozart ein bisschen teuer. Und sauber ist es in den Zimmern und im Bad leider auch nicht.

C Kundenbewertung 3
vom 08.01.2016: Weltreisender_95
Das war gut: Das beste Hostel der Welt!
Das war nicht so gut: Nichts. :-)

D Kundenbewertung 4
vom 24.02.2016: Ich_reise_gerne
Das war gut: Die zentrale Lage.
Das war nicht so gut: Im Hostel Mozart ist es den ganzen Tag sehr laut. Die Bade- und Schlafzimmer sind nicht sauber. Eine Katastrophe: Das Internet funktioniert nicht oder ist nicht stabil.

1. ___ findet alles perfekt.
2. ___ findet den Preis zu hoch.
3. ___ ist mit dem Personal zufrieden.
4. ___ findet die Lage des Hostels sehr gut.
5. ___ findet die Internetverbindung nicht gut.

2 Richtig (R) oder falsch (F)? Hör zu und kreuze an. > HÖREN 73

	R	F
1. Thomas Kleinschmidt arbeitet in Wiesbaden.		
2. Die Klassenfahrt ist im Sommer.		
3. Der Lehrer reserviert 29 Plätze.		
4. Es gibt keine Einzelzimmer.		

3 Eine neue Wohnung. Schreib eine E-Mail an Julia. > SCHREIBEN

A. Seit wann wohnst du in der neuen Wohnung? (seit einem Tag / einem Monat / seit einer Woche …)
B. Wo ist die Wohnung? (am Stadtrand / im dritten Stock …)
C. Wie groß ist die neue Wohnung? (80 m² groß / 4 Zimmer …)
D. Einladung in die neue Wohnung (vorbeikommen / Zimmer zeigen …)

Liebe Julia,

meine Familie hat eine neue Wohnung! Weißt du schon davon?

A. Wir wohnen

B.

C.

D. Mein Vorschlag: Komm vorbei! Ich

Bis bald!

4 Lies den Text und beantworte die Frage. > SPRECHEN

Unser neues Haus ist wunderschön! Wir wohnen jetzt nicht mehr im Zentrum. Dafür ist aber alles grün und wir haben einen großen Garten. Super, oder? Unser neues Haus ist auch sehr groß, 220 m². Im Erdgeschoss sind Wohnzimmer, Küche, das Arbeitszimmer von meinem Vater und daneben ein Bad. Im ersten Stock sind die Schlafzimmer und noch zwei Bäder. Willst du mein Zimmer sehen? Hier ist es. Wie findest du es?

Ich finde das Zimmer schön / fantastisch / nicht so toll …
Es ist groß / hell / praktisch / gemütlich / chaotisch / klein / …
Im Zimmer steht / ist / liegt ein / eine …
Im Zimmer sind viele …
Leider gibt es im Zimmer keinen / keine / kein …

A Wo ist mein Handy?

1 Hör das Telefongespräch und ordne die Sätze. > HÖREN ▶ 74

2 Ich frage, du antwortest … Bildet Dialoge. > SPRECHEN

- Wo ist das Handy von Fabian? Auf **der** Kommode?
- Nein, auf **der** Kommode ist es nicht. Es ist unter **dem** Sofa!

		Teppich
		Küche
		Sofa
auf	**dem**	**Esstisch**
unter	**der**	**Terrasse**
in	**dem**	**Schafzimmer**
		Stuhl
		Regal
		Kommode

Grammatik

Nominativ		Dativ
der Tisch	▶	**dem** Tisch
die Kommode	▶	**der** Kommode
das Sofa	▶	**dem** Sofa

3 Was passt zusammen? Ordne zu. > WORTSCHATZ

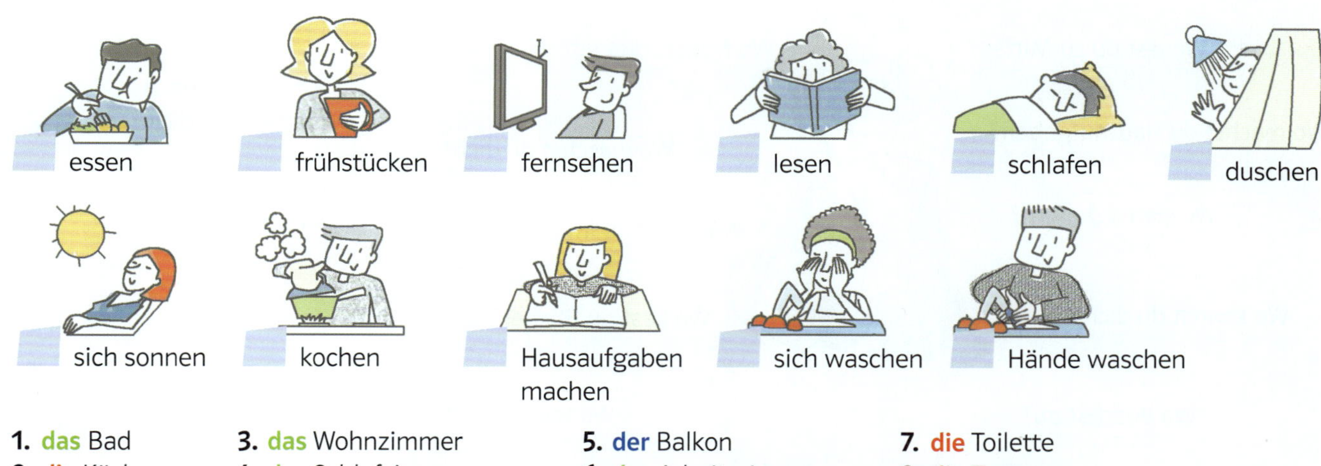

1. das Bad
2. die Küche
3. das Wohnzimmer
4. das Schlafzimmer
5. der Balkon
6. das Arbeitszimmer
7. die Toilette
8. die Terrasse

4 Was kann man wo machen? Bilde Sätze. > WORTSCHATZ

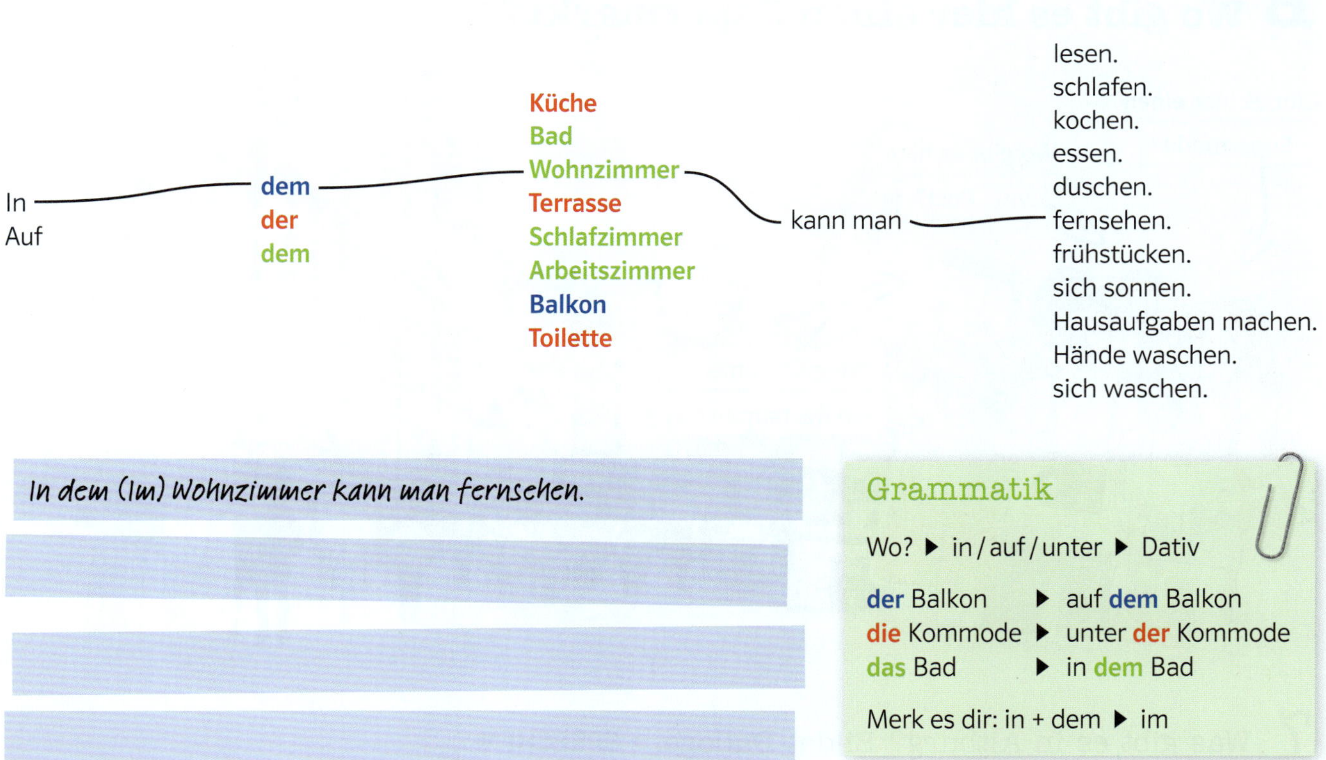

Grammatik

Wo? ▶ in / auf / unter ▶ Dativ

der Balkon ▶ auf **dem** Balkon
die Kommode ▶ unter **der** Kommode
das Bad ▶ in **dem** Bad

Merk es dir: in + dem ▶ im

5 Ich frage, du antwortest … > SPRECHEN

- Wo kann man frühstücken?
- In **der** Küche kann man frühstücken, klar!

- Kann man auf **dem** Balkon frühstücken?
- Natürlich kann man auf **dem** Balkon frühstücken.

6 Antworte. > SPRECHEN

Grammatik

ich wasche **mich**
du wäschst **dich**

ich sonne **mich**
du sonnst **dich**

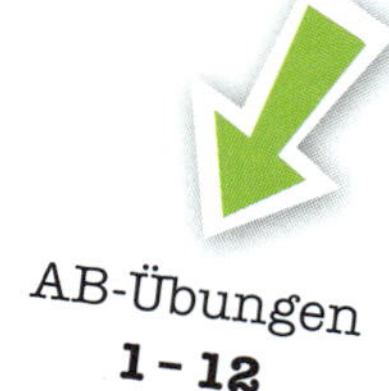

AB-Übungen
1 – 12

B Wo gibt es hier einen Supermarkt?

7 Was gibt es in Altburg? Bildet Dialoge. > SPRECHEN

- Gibt es **einen** Supermarkt in Altburg?
- Natürlich gibt es **einen** Supermarkt in Altburg.

die Apotheke • die Toilette • die Bäckerei • das Kino
die Post • der Supermarkt • das Kaufhaus • das Tourismusbüro
das Restaurant • der Spielplatz • die Eisdiele

Grammatik

es gibt ▶ Akkusativ

Es gibt **einen** Park.
Es gibt **eine** Apotheke.
Es gibt **ein** Theater.

8 Wo liegt was? Ordne zu. > WORTSCHATZ

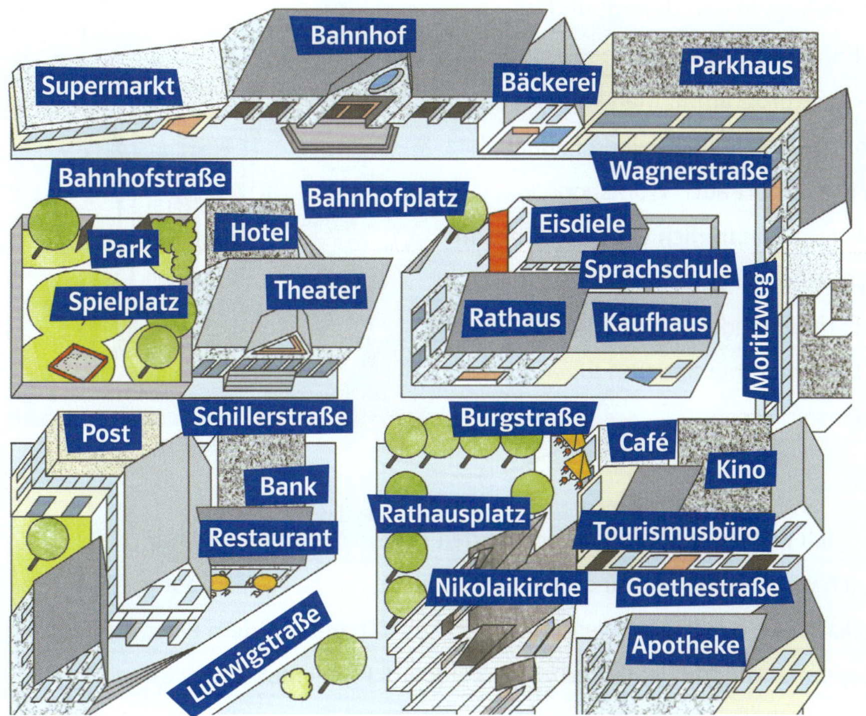

Grammatik

Wo? ▶ an / neben ▶ Dativ

der Park	▶ in **dem** Park
die Post	▶ neben **der** Post
das Rathaus	▶ an **dem** Rathaus

Merk es dir: an + dem ▶ am
in + dem ▶ im

1. ___ Wo ist der Supermarkt?
2. ___ Wo ist das Parkhaus?
3. ___ Wo ist das Hotel?
4. ___ Wo ist der Spielplatz?
5. ___ Wo ist das Tourismusbüro?
6. ___ Wo ist die Sprachschule?
7. ___ Wo ist die Apotheke?
8. ___ Wo ist die Bank?

a. Er ist im Park.
b. Sie ist im Moritzweg.
c. Er ist in der Bahnhofstraße.
d. Sie ist in der Schillerstraße, neben der Post.
e. Es ist am Bahnhofplatz, neben dem Theater.
f. Sie ist in der Goethestraße.
g. Es ist in der Wagnerstraße, neben der Bäckerei.
h. Es ist am Rathausplatz, neben dem Café.

9 Zur Kontrolle: Hör zu und sprich nach. > HÖREN ▶ 75

10 Bilde Minidialoge. Benutze dabei den Stadtplan aus 8. > SPRECHEN

- Gibt es hier eine Post?
- Natürlich gibt es hier eine Post.
- Und wo?
- In der Schillerstraße, neben der Bank.

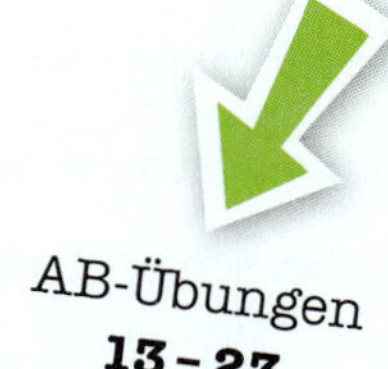

AB-Übungen
13 - 23

C Wo trefft ihr euch?

Annika, 15

Ich wohne in Landshut. Das liegt in Bayern, in Süddeutschland. Hier gibt es ein „Haus der Jugend". Es liegt in der Altstadt und ist ein beliebter Treffpunkt für Jugendliche. Dort treffe ich meine Freunde. Jeden Monat gibt es ein attraktives Freizeitprogramm: Man kann einen Musik- oder Tanzkurs besuchen oder Sport treiben (es gibt einen Fußballplatz und eine kleine Turnhalle). Man organisiert auch Workshops. Junge Musiker machen zusammen Musik. Es gibt natürlich ein Café: Hier trifft man sich mit anderen Leuten, man spielt Billard oder Kicker. Oder man sitzt einfach auf dem Sofa, plaudert miteinander und hört Musik. Einmal die Woche, und zwar samstags, kann man mit anderen Jugendlichen kochen und gemeinsam essen.

Daniel, 16

Ich wohne in Sassen, einem kleinen Dorf in Norddeutschland. Ja, ich wohne auf dem Land. Hier gibt es nichts, keine Freizeiträume für Jugendliche. Wir, d. h. meine Freunde und ich, treffen uns auf dem Platz vor dem Supermarkt und dort fahren wir Skateboard. Problematisch ist es bei schlechtem Wetter, vor allem, wenn es regnet. Dann bleiben wir zu Hause oder wir treffen uns bei Michael. Er wohnt nämlich in einem großen Haus und dort ist viel Platz. Manchmal fahren wir mit dem Bus in die nächste Stadt. Dort gibt es ein modernes Einkaufszentrum und so können wir shoppen, Eis essen … Ich finde es blöd, dass es in Sassen keine Freizeiträume für Jugendliche gibt. Für die Kleinkinder gibt es Spielplätze (zwei sogar!), aber für uns nichts! Was wir brauchen, ist ein Raum, wo man zusammensitzen und reden kann.

11 Wer sagt was? Lies die Texte und kreuze an. > LESEN

	Annika	Daniel
1. In meiner Stadt gibt es ein Jugendzentrum.		
2. Ich treffe meine Freunde im „Haus der Jugend".		
3. Ich treffe meine Freunde vor dem Supermarkt.		
4. In meiner Stadt gibt es keine Freizeiträume für Jugendliche.		
5. Wir fahren mit dem Bus in die nächste Stadt. Dort gibt es ein Einkaufszentrum.		
6. Im „Haus der Jugend" spielt man Billard oder Kicker.		
7. Bei schlechtem Wetter treffen wir uns bei einem Freund.		
8. In meiner Stadt gibt es zwei Spielplätze für Kleinkinder.		

12 Lies den Text von Annika noch einmal und kreuze an. > LESEN

Was kann man im „Haus der Jugend" machen?

- [ ] tanzen
- [ ] basteln
- [ ] kochen
- [ ] Eis essen
- [ ] skateboarden
- [ ] Fußball spielen
- [ ] Billard spielen
- [ ] Englisch lernen
- [ ] Handball spielen
- [ ] ein Instrument spielen lernen

Gibt es in deinem Ort ein Jugendzentrum? Was kann man da machen?

13 Wo triffst du deine Freunde? Bilde Sätze. > WORTSCHATZ

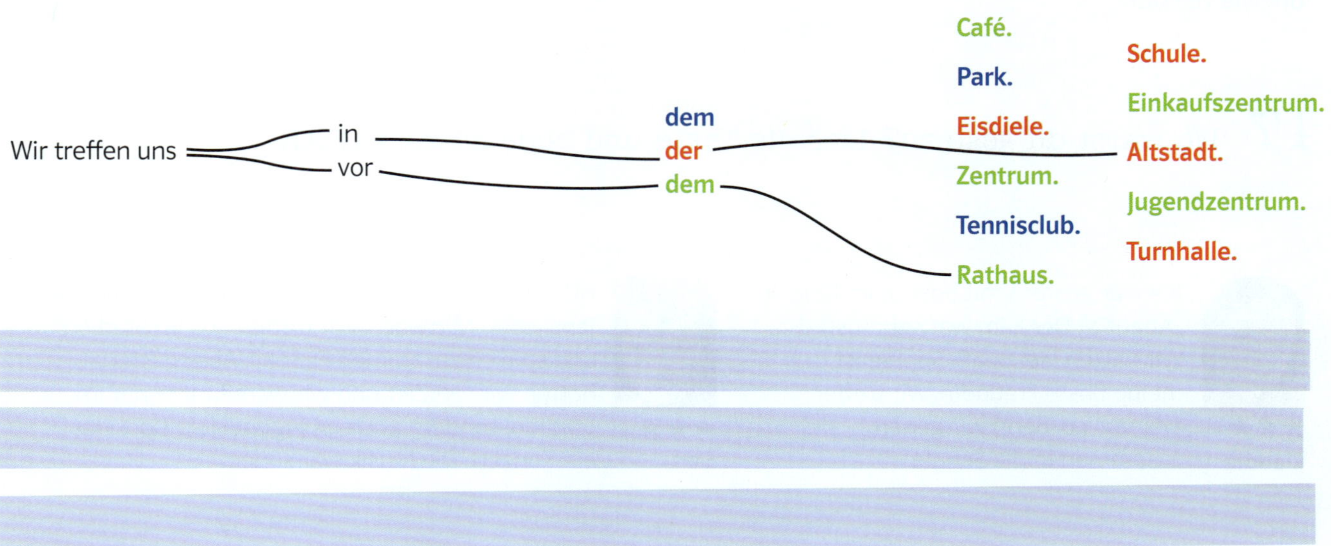

14 Ich frage, du antwortest … Bildet Dialoge. > SPRECHEN

- Wo treffen sich heute Max und Alicia? Weißt du das?
- Ja, ich weiß. Sie treffen sich vor dem Dom.

Dom

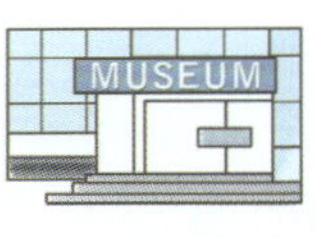

Museum

Café

Eisdiele

Restaurant

Grammatik

ich **weiß**
du **weißt**
er / sie / es **weiß**

15 Ich frage, du antwortest … Bildet Dialoge. > SPRECHEN

- Wo treffen wir uns heute Nachmittag? Treffen wir uns in der Altstadt?
- Gut, in der Altstadt. / Nein, lieber im Park.

Grammatik

wir treffen **uns**
ihr trefft **euch**
sie / Sie treffen **sich**

16 Termine. Hör zu und ergänze die Tabelle. > HÖREN ▶ 76

	Gespräch 1	Gespräch 2	Gespräch 3
Treffpunkt?			
Wo liegt das?			
Um wie viel Uhr?			

17 Wo warst du gestern? Lies die Texte und bilde Sätze. > LESEN

★★★☆ **Claudia**

Ich war gestern mit Sophie im Kino „Atlantic". Der Film war sehr lustig! Wir hatten viel Spaß. Sophie ist meine beste Freundin. Wir treffen uns täglich, denn wir gehen zusammen in die Schule.

★★★☆ **Ben**

Hi! Ich treffe mich mit meinen Freunden Max und Jens jeden Mittwoch. Wir treffen uns im Stadion und spielen zusammen Fußball. Aber gestern hatten wir viel Zeit und wir waren nicht nur im Stadion, sondern auch im Jugendclub. Dort war ein Konzert. Die Musik war super.

Claudia	war	sehr lustig.
Ben	hatte	super.
Der Film		viel Spaß.
Die Musik		im Jugendclub.
Im Jugendclub		ein Konzert.
		im Kino.
		gestern viel Zeit.

18 Lest den Plan von Michael und bildet Dialoge. > SPRECHEN

Montag Nachmittag	Dienstag Abend	Mittwoch Nachmittag	Donnerstag Vormittag	Freitag	Sonntag Nachmittag
Sprachschule	Kino	Jugendzentrum	Tennisclub	zu Hause	Stadion

- Wo war Michael Montag Nachmittag?
- Er war in der Sprachschule.

19 Was schreibt Michael im Forum? > SCHREIBEN

Sprachschule / Englischkurs • Kino / Thriller • Jugendzentrum / Konzert • Tennisclub / Training • zu Hause / viele Hausaufgaben • Stadion / Fußballspiel

★★★★ **Michael**

Hi, Leute! Diese Woche war sehr intensiv. Montag Nachmittag war ich

20 Kettenfragen. > SPRECHEN

Wo warst du gestern? ▶ Ich war im Kino. Und du? Wo warst du? ▶ Ich war …

Phonetik

1 Hör die Wörter und achte auf die Betonung. Markiere immer die Silbe, die am meisten betont ist. > HÖREN 77

a. die Bücher + das Regal ▶ das Bücherregal
b. die Blumen + der Topf ▶ der Blumentopf
c. der Apfel + der Saft ▶ der Apfelsaft
d. der Computer + der Tisch ▶ der Computertisch

Apfelsaft – Wo ist die am meisten betonte Silbe? Im ersten Wort oder im zweiten Wort?

Haue bei den betonten Silben fest auf den Tisch.

2 Sprich die Wortreihen aus 1 laut aus.

3 Sprich die Wörter laut aus. Dann vergleiche deine Aussprache mit der Aufnahme. > HÖREN 78

das Wohnzimmer • der Schreibtisch • die Mikrowelle • die Stehlampe

4 Bilde selbst zusammengesetzte Wörter. Sprich die Wörter laut aus.

a. die Freizeit + der Raum ▶ ______
b. das Kino + der Sessel ▶ ______
c. der Laptop + die Tasche ▶ ______
d. der Balkon + die Tür ▶ ______

Lektion 8 GRAMMATIK SCHNELL & KLAR

Präpositionen
an, in, auf, neben, unter, vor **+ Dativ**

Wir sind **im** Tennisclub.
Wir sind **am** Rathausplatz.
Wir sind vor **der** Schule.
Wir sind neben **dem** Kino.

Mein Mathebuch ist auf **dem** Sessel.
Mein Mathebuch ist in **der** Kommode.
Mein Mathebuch ist unter **dem** Bett.

Deine Beispiele

Wo treffen sich Jugendliche?
(vor / Eisdiele)
(in / Musikclub)
(neben / Café)
(in / Zentrum)

Wo liegt der Laptop?
(der Schreibtisch)
(das Bett)
(der Schrank)

Das Pronomen *man*

Was macht **man** im Jugendzentrum?

Man macht zusammen Musik.
Man spielt Billard oder Kicker.
Man sitzt auf dem Sofa.
Man plaudert miteinander.

Was macht man zu Hause?

Aussagesatz

I	II	III	IV
Man	kann	hier	Billard spielen.
Hier	kann	**man**	Billard spielen.
Man	macht	hier	Musik.
Hier	macht	**man**	Musik.

Was kann man im Jugendclub machen?
Hier
Hier
Man

sich-Verben

	sich treffen
ich	treffe **mich**
du	triffst **dich**
er, sie, es	trifft **sich**
wir	treffen **uns**
ihr	trefft **euch**
sie, Sie	treffen **sich**

	sich sonnen
ich	
du	
er, sie, es	
wir	
ihr	
sie, Sie	

Die Form *es gibt*

Wo gibt es hier **einen** Supermarkt?
Wo gibt es hier **eine** Post?
Wo gibt es hier **ein** Restaurant?
Wo gibt es hier **viele** Geschäfte?

Gibt es hier **keinen** Musikclub?
Gibt es hier **keine** Bibliothek?
Gibt es hier **kein** Kino?
Gibt es hier **keine** Theater?

Deine Beispiele

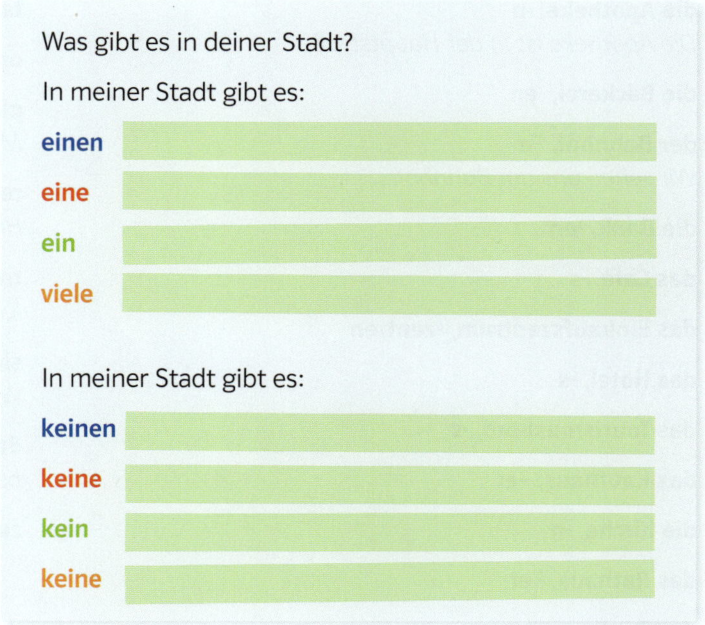

Das Verb *wissen*

	wissen
ich	**weiß**
du	**weißt**
er, sie, es	**weiß**

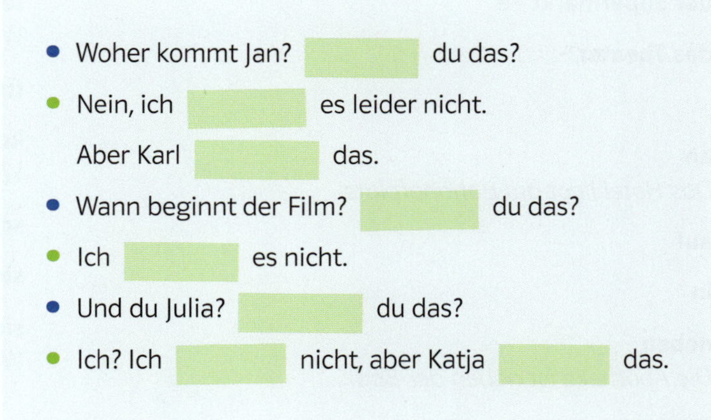

Präteritum: *sein* und *haben*

	sein	haben
ich	**war**	**hatte**
du	**warst**	**hattest**
er, sie, es	**war**	**hatte**
wir	**waren**	**hatten**
ihr	**wart**	**hattet**
sie, Sie	**waren**	**hatten**

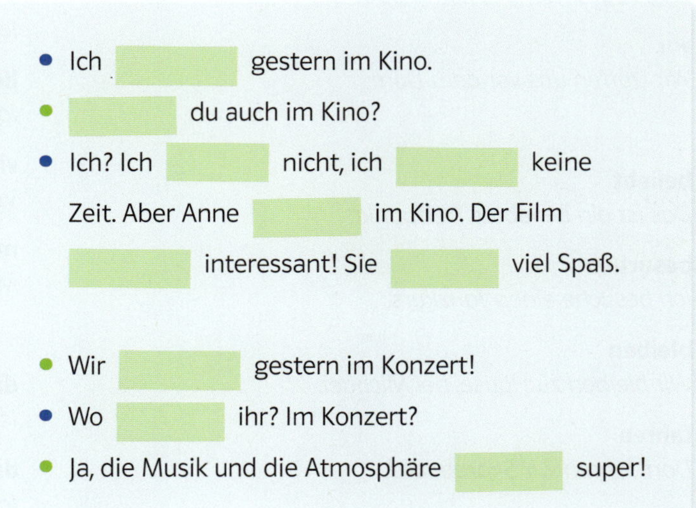

Wichtige Wörter

die Altstadt

die Apotheke, -n
Die Apotheke ist in der Hauptstraße.

die Bäckerei, -en

der Bahnhof, ⸚e
Wir sehen uns am Bahnhof.

die Bank, -en

das Café, -s

das Einkaufszentrum, -zentren

das Hotel, -s

das Tourismusbüro, -s

das Kaufhaus, ⸚er

die Kirche, -n

das Rathaus, ⸚er

das Restaurant, -s

der Supermarkt ⸚e

das Theater, -

an
Das Hotel liegt am Bahnhofplatz.

auf

in

neben
Die Apotheke ist neben der Bank.

unter
Was liegt unter der Kommode?

vor
Wir treffen uns vor dem Dom.

beliebt
Das ist ein beliebter Treffpunkt.

besuchen
Ich besuche einen Tanzkurs.

bleiben
Wir bleiben zu Hause, bei Michael.

fahren
Dort fahren wir Skateboard.

gemeinsam
Samstags kann man gemeinsam essen.

die Jugendlichen (Plural)

tanzen

organisieren

plaudern
Man plaudert miteinander.

reden
Hier kann man reden.

treiben
Ich treibe jeden Tag Sport.

sich treffen
Wir treffen uns täglich bei Tina.

das Wetter (Singular)
bei gutem / schlechtem Wetter

zusammen|sitzen

duschen

fern|sehen
Wo siehst du fern?

frühstücken

kochen
Wir kochen gemeinsam.

schlafen

sich sonnen

sich waschen
Wo wäschst du dich?

blöd
Ich finde es blöd.

lieber
Ich gehe lieber in den Park.

vielleicht
Vielleicht liegt es unter dem Sofa?

manchmal
Manchmal spielen wir Billard oder Kicker.

das Dorf, ⸚er
Ich wohne in einem kleinen Dorf.

das Land
Ich wohne auf dem Land.

Landeskunde

1 Lies den Text und beantworte die Fragen.

Berlin, Berlin, Berlin

In Berlin kann man viel machen. Kein Wunder, die deutsche Hauptstadt hat ja 3,5 Millionen Einwohner. Am Brandenburger Tor stehen viele Touristen und machen Fotos. Vom Brandenburger Tor spazieren die meisten Besucher zum Reichstag. Auf dem Reichstag ist die berühmte Kuppel. Die kann man sogar besichtigen. Neben dem Reichstag ist das Bundeskanzleramt. Vor dem Reichstag und dem Bundeskanzleramt kann man auf der grünen Wiese liegen und sich sonnen. Danach gehen wir zur Museumsinsel. Da kann man in fünf Museen viele interessante Sachen sehen. Am Ende gehen wir zum Alexanderplatz. Hier steht die bekannte Weltzeituhr. Auf der Uhr kann man die Uhrzeit in 148 Städten auf der ganzen Welt lesen. Auf dem Alex, unter der Weltzeituhr, treffen sich die Berliner. Weißt du jetzt alles über Berlin?

1. Wo machen viele Touristen Fotos?
2. Wohin gehen Touristen vom Brandenburger Tor?
3. Wo ist die berühmte Kuppel?
4. Was ist neben dem Reichstag?
5. Wo kann man auf der grünen Wiese liegen?
6. Wie viele Museen gibt es auf der Museumsinsel?
7. Wo steht die bekannte Weltzeituhr?
8. Wo treffen sich die Berliner?

2 Sprecht über die drei Städte in Deutschland, Österreich und der Schweiz.

Stadt / Land	Basel / Schweiz	Salzburg / Österreich	München / Deutschland
Wichtigste Sehenswürdigkeit	Zoo	Altstadt mit Mozarts Geburtshaus	Englischer Garten mit Biergärten
Beliebtes Fest	Art Basel	Salzburger Festspiele	Oktoberfest
Spezialität	Käseküchlein	Mozartkugel	Weißwurst

Basel liegt in … • Salzburg hat … • In Basel kann man … besichtigen. • Die wichtigste Sehenswürdigkeit in München ist … • Ein beliebtes Fest in München ist … • In Salzburg kann man … essen.

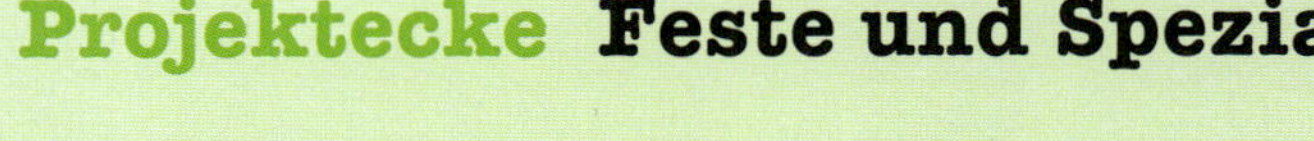

Projektecke Feste und Spezialitäten

Arbeitet in Gruppen. Schaut im Internet nach und sammelt Informationen über Feste und Spezialitäten in Basel, Salzburg und München. Macht Infoplakate und präsentiert sie in der Klasse.

ZWISCHENSTOPP 8

1 Lies die Texte. Wer ist der Autor vom Text A, B und C? > LESEN

A
Wir treffen uns oft im Kellercafé. Das ist ein Lokal für Jugendliche im Keller der St.-Elisabeth-Kirche. Da stehen ein Billardtisch und ein Kicker. Es gibt aber auch viele Spiele, gute Musik und billige Getränke. Wenn wir Zeit haben, dann gehen wir immer ins Kellercafé.

B
Sucht ihr einen Ort, wo ihr euch treffen könnt? Einen Ort für Jugendliche, aber nicht für Kinder oder Erwachsene? Einen Ort zum Sporttreiben, Lernen, Reden und Feiern? Dann seid ihr bei uns richtig. Wir sind das Jugendzentrum Georg-Buch-Haus in Wiesbaden. Unser Jugendcafé, die Hausaufgabenhilfe, Computerkurse, Discos, das Internet-Café und noch viel mehr warten auf euch.

C
Bei uns gibt es leider keine Treffpunkte für Jugendliche. Das ist sehr, sehr schade. Findest du das auch? Dann lasst uns etwas zusammen machen. Wir könnten uns in der Sporthalle treffen. Da gibt es doch einen freien Raum. Im Sommer treffen wir uns einfach draußen. Jeder bringt Ideen und Sachen mit. Hast du Lust? Worauf wartest du noch?

1. ___ **Herr Müller (45)**
Er schreibt über ein Jugendzentrum, wo er arbeitet.

2. ___ **Christine (14)**
Sie möchte ein Jugendzentrum organisieren und sucht andere Jugendliche.

3. ___ **Lukas (15)**
Er schreibt einen Blog über Schule, Hobbys und sein Leben.

2 Lies die Anzeige und schreib eine E-Mail an die Redaktion. > SCHREIBEN

Umfrage zum Thema:
MEINE STADT
Wir möchten wissen:
Wie findest du deine Stadt?
Lebst du gern in deiner Stadt?
Möchtest du woanders leben? Warum?

Möchtest du mitmachen?
Dann schicke uns eine E-Mail
und erzähle uns davon! Vielen Dank!
Juz-Redaktion@com.de

Betreff ___

Hallo!
Ich habe die Anzeige in der Juz gelesen und möchte gern mitmachen.

A. Stell dich vor.
B. Schreib über deine Stadt (Name / Wo liegt sie? …)
C. Was gibt es dort?
D. Wohnst du gern in der Stadt? Warum?

3 Hör zu und markiere den Weg auf dem Stadtplan. > HÖREN ▶ 79

Situation 1
Ein Mann möchte vom Bahnhof zum Rathaus gehen.

Situation 2
Ein Mann möchte vom Dom zur St. Anna-Kirche gehen.

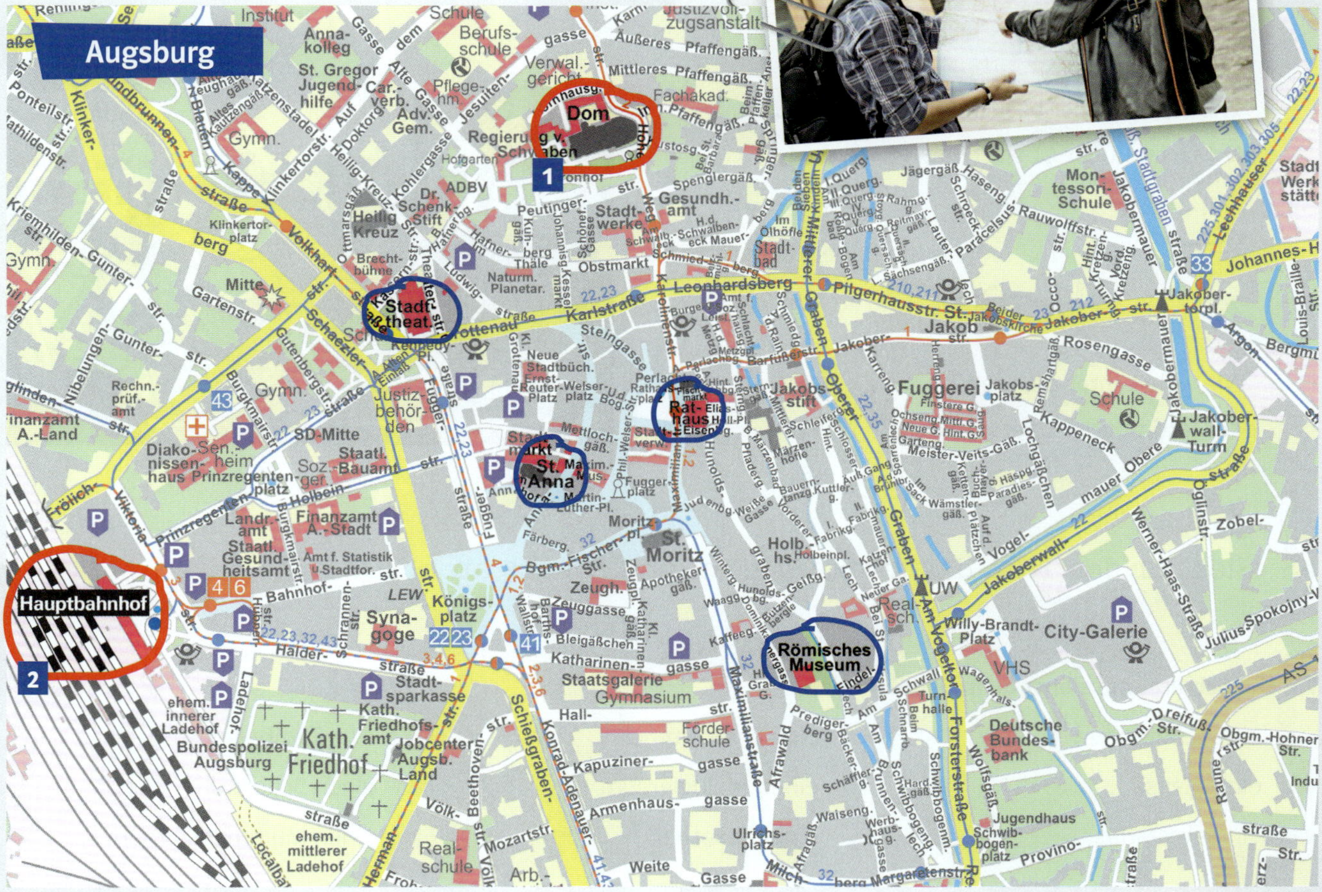

Augsburg

4 Erkläre den Weg. > SPRECHEN

- Entschuldigung, wie komme ich vom Bahnhof zum Stadttheater?
- Also, gehen Sie …

- Entschuldigung, wie komme ich vom Dom zum Römischen Museum?
- Gehen Sie …

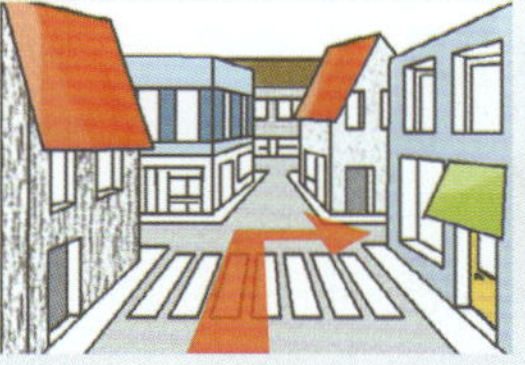

Gehen Sie nach rechts!

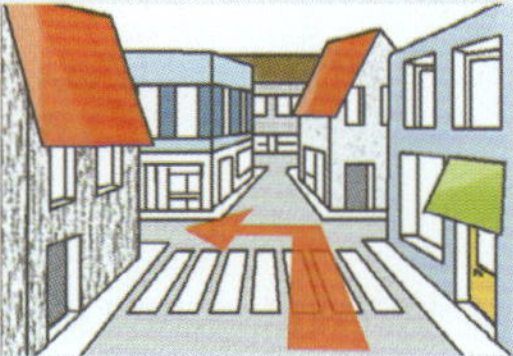

Gehen Sie nach links!

Gehen Sie über die Straße!

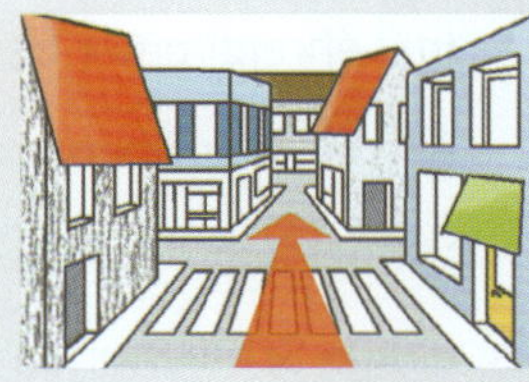

Gehen Sie geradeaus!

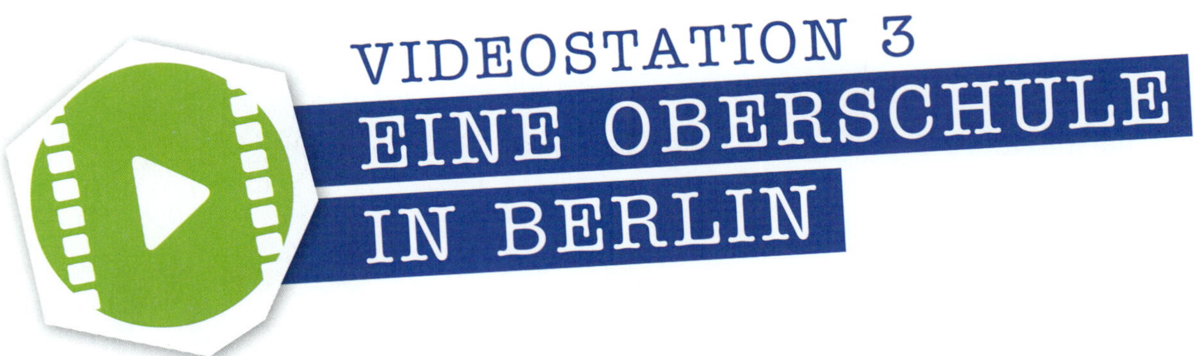

VIDEOSTATION 3
EINE OBERSCHULE IN BERLIN

1 Sieh dir den Film an und beantworte die Fragen. > FILM 3

2 Sieh dir den Film das zweite Mal an und kreuze an. > FILM 3

Welche Schulräume siehst du im Film?

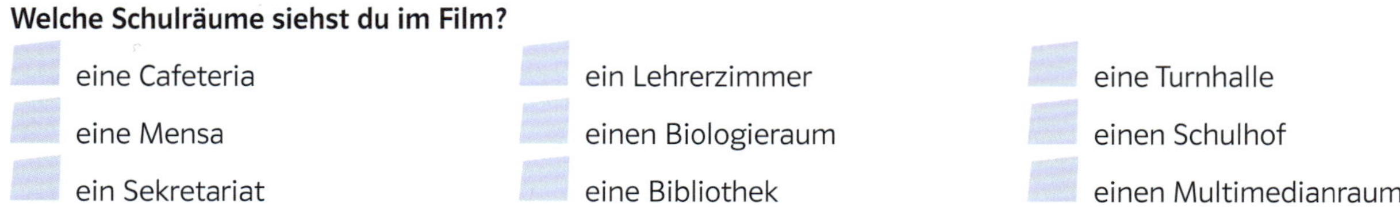

- eine Cafeteria
- eine Mensa
- ein Sekretariat
- ein Lehrerzimmer
- einen Biologieraum
- eine Bibliothek
- eine Turnhalle
- einen Schulhof
- einen Multimedianraum

3 Sieh dir den Film noch einmal an und bringe die Sätze in die richtige Reihenfolge. > FILM 3

- Lea und Hanna gehen ins Sekretariat.
- Morgens kommen die Schüler in die Martin-Buber-Oberschule.
- In der Cafeteria kaufen die Schüler etwas zum Essen und Trinken.
- Im Lehrerzimmer bereiten die Lehrer den Unterricht vor.
- Alle Schülerinnen und Schüler lernen Musik.
- Die Schüler der Klasse 10A haben in der ersten Stunde Deutsch.
- Einige Schülerinnen und Schüler kommen aus anderen Ländern.

4 Welcher Satz aus 3 passt zu welchem Foto? Ordne zu.

5 Wie geht der Satz weiter? Verbinde.

1. Die Schüler kommen …
2. Die Martin-Buber-Oberschule ist …
3. Die Lehrer korrigieren die Klassenarbeiten …
4. Einige Schülerinnen und Schüler haben …
5. In der Cafeteria kann man …
6. Einige Schüler spielen ein Instrument, …

a. im Lehrerzimmer.
b. belegte Brote kaufen.
c. andere singen mit.
d. mit dem Bus, dem Fahrrad oder zu Fuß.
e. eine andere Kultur und Religion.
f. eine Gesamtschule.

6 Recherchiere im Internet.

1. Was ist eine Gesamtschule?
2. Wer war Martin Buber?

ALLTÄGLICHES

A Was hast du am Mittwoch?

Eine Schule stellt sich vor: das Europa-Gymnasium

A. 
Das ist das Europa-Gymnasium in München. Es liegt in der Ehrwalder Straße. Unsere Schule hat 840 Schülerinnen und Schüler. Nach der 12. Klasse, d. h. mit etwa 17, 18 Jahren, machen sie das Abitur.

B. 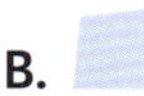
Hier treffen sich die Schülerinnen und Schüler in der Pause. In der Schule gibt es Rauchverbot. Auch hier auf dem Schulhof darf man nicht rauchen.

C. 
Das ist der Biologieraum. Hier werden oft Experimente gemacht. In Biologie und Chemie lernen die Schülerinnen und Schüler die Umwelt und die Natur kennen.

D. 
Das ist die Klasse 9A. Der Unterricht ist jeden Tag von Montag bis Freitag, von 7.50 Uhr bis 12.50 Uhr. Dienstags und donnerstags bis 15.00 Uhr. Der Samstag ist schulfrei.

E.
Hier machen die Schülerinnen und Schüler Gymnastik, spielen Volleyball, Basketball oder Handball. Bei schönem Wetter ist die Sportstunde im Schulpark. Die Turnhalle ist sehr beliebt.

F.
Die Mensa. Hier können die Schülerinnen und Schüler essen. Zweimal in der Woche gibt es einen „Veggi-Day". Dann kann man vegetarisch essen. Die Mensa ist von 11.30 Uhr bis 14.00 Uhr geöffnet.

1 Welches Bild passt zu welchem Text? Ordne zu. > LESEN

2 Lies den Text noch einmal und bilde Sätze. > LESEN

1. Das Europa-Gymnasium	machen	in der Schulmensa	in der Ehrwalder Straße.
2. Die SchülerInnen	liegt	Experimente	von 7.50 Uhr bis 12.50 Uhr.
3. In der Turnhalle	ist	in der Pause	Gymnastik.
4. Im Biologieraum	treffen sich	die SchülerInnen	gemacht.
5. Der Unterricht	werden	jeden Tag	auf dem Schulhof.
6. „Veggi-Day"	gibt es	in München	zweimal in der Woche.

Das Europa-Gymnasium liegt in München, in der Ehrwalder Straße.

3 In meiner Schule gibt es ... Kreuze an und erzähle. > SPRECHEN

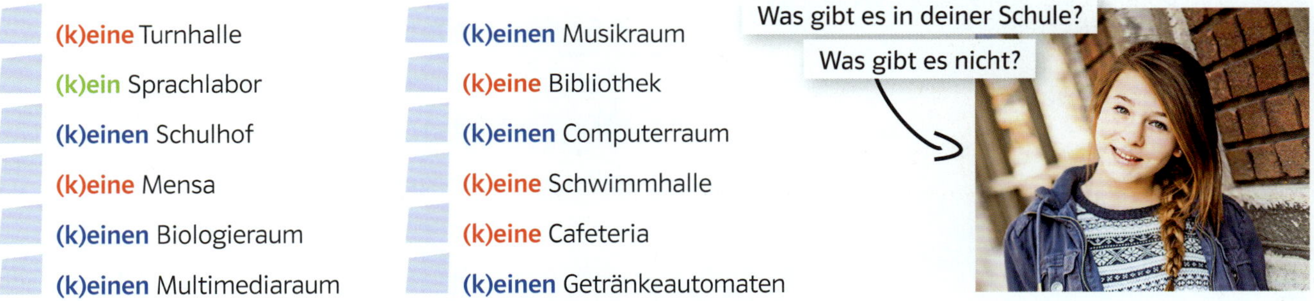

4 Stell deine Schule vor. > SPRECHEN

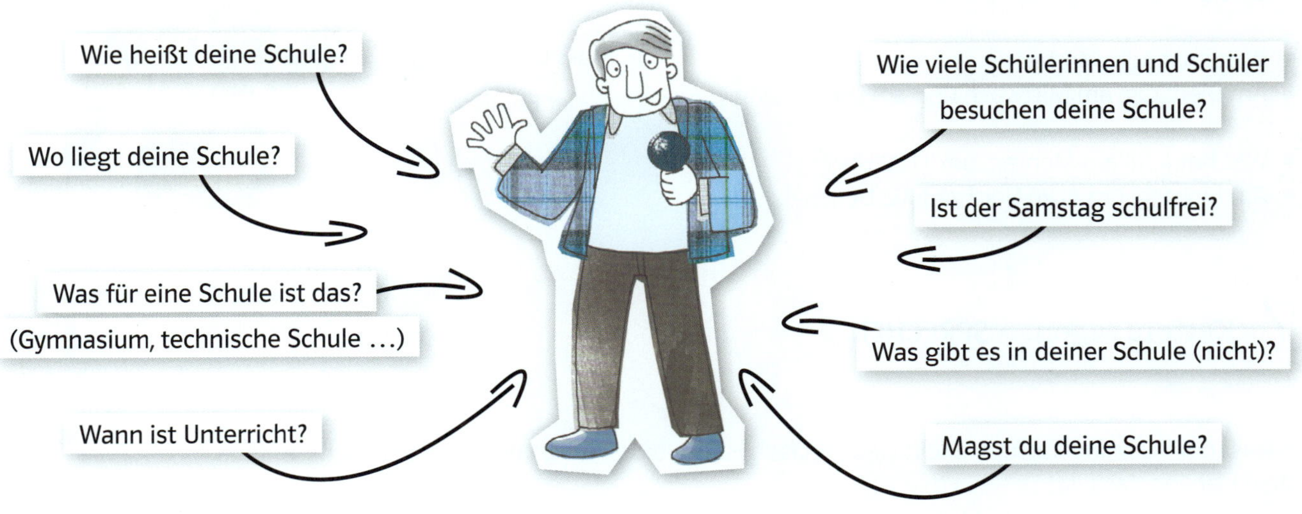

5 Lies den Stundenplan von Julia und bilde Sätze. > LESEN

	Montag	Dienstag	Mittwoch	Donnerstag	Freitag	Samstag	Sonntag
7.50 – 8.35 8.35 – 9.20	Sozialkunde Physik	Sport Kunst	Deutsch Deutsch	Mathe Mathe	Englisch Deutsch		
10 Minuten Pause							
9.30 – 10.15 10.15 – 11.00	Geschichte Sport	Biologie Mathe	Mathe Religion	Sozialkunde Sport	Kunst Chemie	schulfrei!	Keine Schule!
20 Minuten Pause							
11.20 – 12.05 12.05 – 12.50	Deutsch Englisch	Informatik Religion	Englisch Englisch	Geschichte Deutsch	Informatik Biologie		
Mittagspause							
13.30 – 14.15 14.15 – 15.00		Wahlfach* Wahlfach		Wahlfach Wahlfach			

*Wahlfach = Konversation-Englisch, Französisch / Italienisch, Chor, Erste Hilfe, Theater

1. Am Montag, um 8.35 Uhr, …
2. Die kleine Pause …
3. Am Donnerstag, von 9.30 Uhr bis 10.15 Uhr, …
4. Der Unterricht …
5. Die große Pause …
6. Am Dienstagnachmittag …
7. Um 12.50 Uhr …

a. dauert 20 Minuten.
b. lernt Julia Physik.
c. bleibt Julia bis 15.00 Uhr in der Schule.
d. beginnt um 9.20 Uhr.
e. geht Julia nach Hause oder in die Mensa.
f. beginnt um 7.50 Uhr.
g. hat Julia Sozialkunde.

6 Ich frage, du antwortest … Bildet Dialoge. > SPRECHEN

- Was hat Julia am Mittwoch?
- Am Mittwoch hat Julia zwei Stunden Deutsch, eine Stunde Mathe, eine Stunde Religion und zwei Stunden Englisch.

- Wann hat Julia Mathe?
- Am Dienstag, am Mittwoch und am Donnerstag.

- Was hat Julia am Montag, um 11.20 Uhr?
- Am Montag, um 11.20 Uhr, hat Julia Deutsch.

Mein Lieblingsfach ist Englisch.

7 Kettenfragen. > SPRECHEN

AB-Übungen 1 – 9

Was ist dein Lieblingsfach? ▶ Mein Lieblingsfach ist Deutsch. Was ist dein Lieblingsfach? ▶ Mein Lieblingsfach ist …

B Was gibt es zu essen?

8 Was gibt es zu essen? Hör zu und kreuze an. > HÖREN 80

9 Antworte. > SPRECHEN

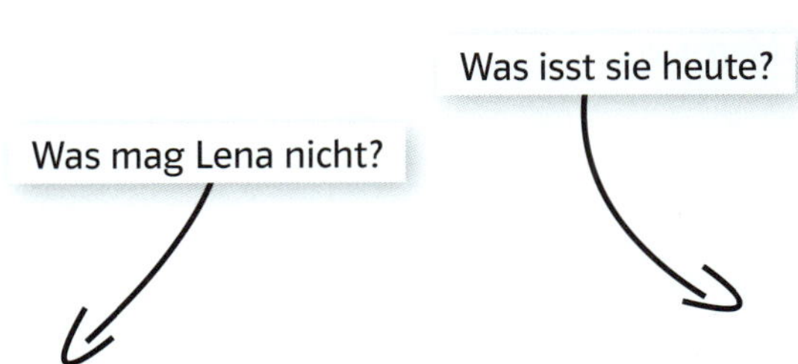

Grammatik

Negation mit *kein* (Akkusativ)

ich mag / ich esse
(keinen) Fisch
(keine) Wurst
(kein) Fleisch
(keine) Kartoffeln

10 Was magst du (nicht)? Markiere und erzähle. > SPRECHEN

Das mag ich. Das mag ich nicht so sehr. Das mag ich gar nicht.

das Schwarzbrot
das Brötchen 
das Müsli 
die Eier 
der Reis  
die Nudeln 
die Kartoffeln 
das Fleisch 
das Gemüse 
der Fisch 
der Salat 
das Obst 
die Milch 
der Kakao 
der Tee 
der Kaffee 
der Saft 
das Mineralwasser 

11 Kettenfragen. > SPRECHEN

Was isst du gern? ▶ Ich esse gern Fleisch. Und du? Was isst du gern?
▶ Ich esse gern …

Was trinkst du gern? ▶ Ich trinke gern Kakao. Und du? Was trinkst du gern?
▶ Ich trinke gern …

Magst du Käse? ▶ Ja, Käse mag ich. / Nein, ich mag keinen Käse. Magst du …?
▶ …

Grammatik

Negation mit *kein* (Akkusativ)

ich mag / trinke
(keinen) Kaffee
(keine) Cola
(kein) Wasser
(keine) Säfte

12 Was essen die Leute? Hör zu und kreuze an. > HÖREN ▶ 81

	Klaus Krüger (35) Informatiker	Eva Becker (25) Psychologin	Alex Hahn (15) Schüler
1. Zum Frühstück esse ich **a.** Müsli oder Cornflakes **b.** eine Scheibe Schwarzbrot mit Honig **c.** ein Brötchen mit Butter und Marmelade	a. b. c.	a. b. c.	a. b. c.
2. Zum Frühstück trinke ich **a.** ein Glas Milch **b.** einen Kakao, manchmal Tee **c.** zwei Tassen Kaffee	a. b. c.	a. b. c.	a. b. c.
3. Zu Mittag esse ich **a.** ein paar Bratwürste oder einen Hamburger **b.** Fleisch, dazu Kartoffeln oder einen Salat **c.** einen gemischten Salat	a. b. c.	a. b. c.	a. b. c.
4. Zu Mittag trinke ich **a.** ein Glas Bier **b.** Cola **c.** ein Mineralwasser	a. b. c.	a. b. c.	a. b. c.
5. Zu Abend esse ich **a.** Nudeln **b.** Käse, Wurst, Tomaten **c.** eine Suppe	a. b. c.	a. b. c.	a. b. c.
6. Zu Abend trinke ich **a.** Wein **b.** Tee **c.** ein Mineralwasser	a. b. c.	a. b. c.	a. b. c.

13 Was isst / trinkst du? Notiere und erzähle. > SPRECHEN

Zum Frühstück esse / trinke ich	*Zu Mittag esse / trinke ich*	*Zu Abend esse / trinke ich*

14 Erzähle über dich und deine Partnerin / deinen Partner. > SPRECHEN

Interviewe deine Partnerin / deinen Partner. Was isst / trinkt sie / er? Was mag sie / er (nicht)? Was mögt ihr beide?

AB-Übungen
10 – 22

C Wir gehen nach der Schule shoppen

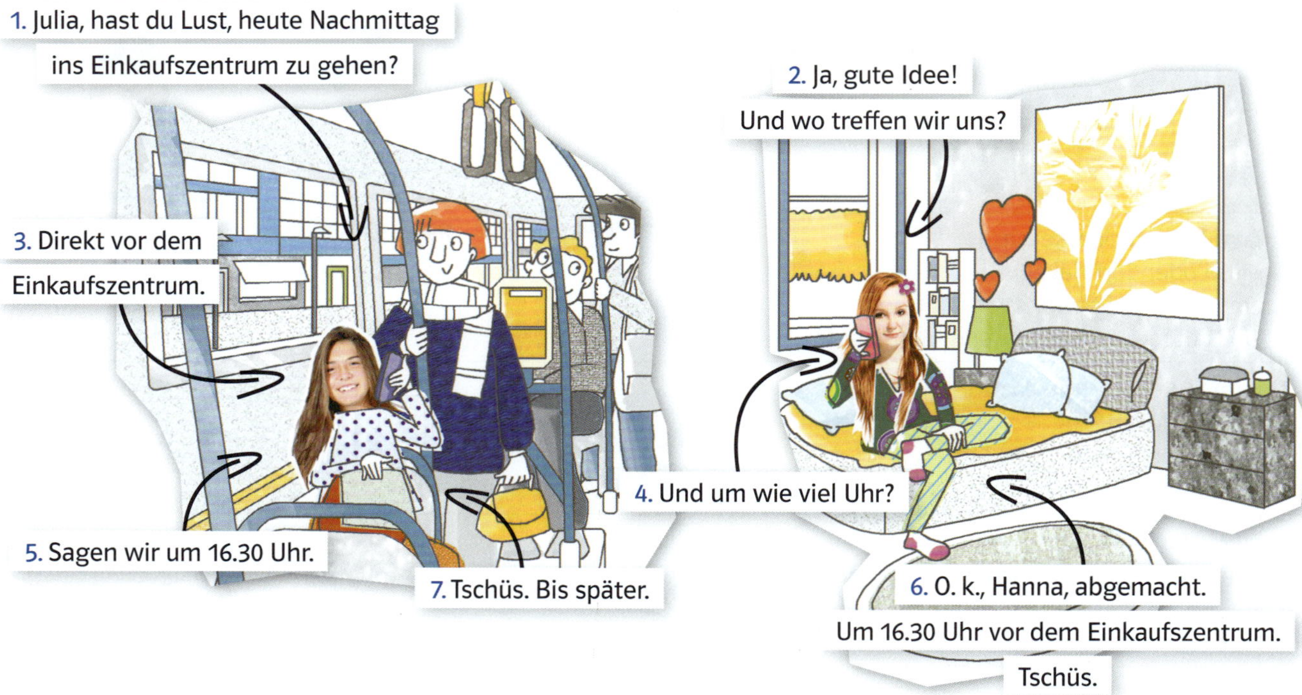

15 Hör zu und beantworte die Fragen. > HÖREN 82

1. Wie reagiert Julia auf die Idee von Hanna? Was sagt sie?
2. Wo treffen sich Hanna und Julia? Im Einkaufszentrum?
3. Wann treffen sie sich? Um halb fünf?

16 Lies den Text und beantworte die Fragen. > LESEN

Das Olympia-Einkaufszentrum

Das Olympia-Einkaufszentrum ist eines der größten Einkaufszentren in Deutschland. Es liegt in München. Es hat 135 Geschäfte. Hier bekommt man (fast) alles. Das Center liegt direkt an der Autobahn. Das Parken ist kein Problem, denn das Olympia-Einkaufszentrum hat über 2400 Parkplätze. Natürlich kann man auch mit dem Bus oder mit der U-Bahn hinfahren.

Wir haben geöffnet:

Montag – Samstag:	9.30 – 20.00 Uhr
Sonntag:	geschlossen

1. Wo liegt das Olympia-Einkaufszentrum?
2. Wie viele Geschäfte gibt es hier?
3. Wann ist das Olympia-Einkaufszentrum geöffnet?
4. Wie kann man zum Olympia-Einkaufszentrum kommen?

17 Kettenfragen. > SPRECHEN

Was gibt es im Olympia-Center? Im Olympia-Center gibt es eine Boutique. ▶
Im Olympia-Center gibt es eine Boutique und einen Supermarkt. ▶
Im Olympia-Center gibt es eine Boutique, einen Supermarkt und …

der Supermarkt • das Modegeschäft • die Apotheke • die Buchhandlung • die Bäckerei • das Restaurant • das Schuhgeschäft • die Pizzeria • das Fastfood-Restaurant • die Boutique • der Blumenladen • das Schreibwarengeschäft • das Kaufhaus • der Coffeeshop • die Konditorei • die Eisdiele

18 Ich frage, du antwortest … Bildet Dialoge. > SPRECHEN

das Schuhgeschäft / Schuhe kaufen
die Boutique / Markenkleidung kaufen
die Eisdiele / Eis essen
das Schreibwarengeschäft / Büroartikel finden
die Buchhandlung / Bücher kaufen
die Apotheke / Medikamente kaufen
der Coffeeshop / Kaffee trinken

Grammatik

Wohin? ▶ in ▶ Akkusativ
in **den** Blumenladen
in **die** Konditorei
ins Geschäft

Wo? ▶ in ▶ Dativ
im Blumengeschäft
in **der** Konditorei
im Geschäft

AB-Übungen
23 - 33

Phonetik

1a Hör zu und achte auf die Aussprache des Wortanfangs. > HÖREN ▶ 83

a. Eis – heiß **b.** aus – Haus **c.** und – Hund **d.** alle – Halle **e.** Essen – Hessen

1b Du hörst eins der beiden Wörter. Markiere es. > HÖREN ▶ 84

2 Welche Aussage hörst du? Kreuze an. > HÖREN ▶ 85

a. Ich mag ☐ Anna ☐ Hanna.
b. Der Brief ist ☐ von Nina ☐ von Ina.
c. Ich möchte ☐ mehr Reis ☐ mehr Eis.
d. Ich fahre morgen ☐ nach Essen ☐ nach Hessen.

Lektion 9

GRAMMATIK SCHNELL & KLAR

Verben im Präsens

	essen	mögen
ich	esse	mag
du	isst	magst
er, sie, es	isst	mag
wir	essen	mögen
ihr	esst	mögt
sie, Sie	essen	mögen

Deine Beispiele

	nehmen	können
ich	nehme	
du		
er, sie, es		kann
wir		
ihr		
sie, Sie		

Infinitiv mit *zu*

- Hast du Lust, ins Kino **zu** gehen?
- Ja, ich habe Lust, ins Kino **zu** gehen.

- Maja und Pia, habt ihr Lust, Musik **zu** hören?
- Nein, wir haben keine Lust, Musik **zu** hören.

- Julia, hast du Lust, heute shoppen **zu** gehen?
- Ja, ich habe Lust, shoppen **zu** gehen.

Was möchten sie (nicht) machen?

Adam hat Lust, ______

Bianka hat Lust, ______

Sven hat keine Lust, ______

Lukas hat Lust, ______

Mesut hat keine Lust, ______

Temporalangaben mit *um* und *am*

- **Wann** ist der Unterricht zu Ende?
- **Um** 14.00 Uhr.

- **Wann** hast du Biologie?
- **Am** Montag und **am** Donnerstag.

- **Wann** gehst du schwimmen?
- **Am** Nachmittag.

- Wann treffen wir uns heute?
- ______

- Wann habt ihr Sport?
- ______

- ______
- Am Freitag, um 12.00 Uhr.

Temporalangabe mit *bis*

- **Wie lange** bleibst du in der Schule?
- **Bis** 15.00 Uhr.

- **Wie lange** dauert der Matheunterricht?
- 45 Minuten, **bis** 14.30 Uhr.

- Wie lange bleibt ihr im Jugendzentrum?
- ______
- ______
- Bis Samstag.

Präposition *in* + Dativ

- Was kann man **im** Coffeeshop machen?
- **Im** Kaffeeshop? Kaffee trinken.

- Was kann man in **der** Eisdiele machen?
- In **der** Eisdiele? Eis essen.

- Was kann man **im** Restaurant machen?
- **Im** Restaurant? Essen und trinken.

Deine Beispiele

- Was kann man ______ Biologieraum machen?
- ______ Biologieraum? Experimente!
- Was kann man ______ Turnhalle machen?
- ______
- Was kann man ______ Multimediaraum machen?
- ______

Präposition *in* + Akkusativ

Wir gehen heute shoppen. **Wohin?**
In **den** Telefonladen.
In **die** Buchhandlung.
Ins Schuhgeschäft.

- Wohin gehst du, Anke?
- In **den** Computerraum.
- Und du, Lukas? Wohin gehst du?
- In **die** Mensa.
- Und ich gehe **ins** Sprachlabor.

- Maja, was brauchst du?
- Ich brauche ein neues T-Shirt.
- Dann gehen wir ______
- Markus, was brauchst du?
- Ich brauche neue Sportschuhe.
- Dann gehen wir ______ Sportgeschäft.
- Katja, was hast du jetzt?
- Ich habe jetzt zwei Stunden Sport.
- Dann gehen wir ______

Zusammengesetzte Wörter

das Obst	+	**der** Salat	=	**der** Obstsalat
der Käse	+	**das** Brot	=	**das** Käsebrot
die Mode	+	**das** Geschäft	=	**das** Modegeschäft
die Blumen	+	**der** Laden	=	**der** Blumenladen

der Sport	+	die Stunde	=	______
das Englisch	+	der Lehrer	=	______
die Biologie	+	der Raum	=	______
die Musik	+	der Unterricht	=	______

Wichtige Wörter

besuchen
Ich besuche das Europa-Gymnasium.

die Bibliothek, -en

die Cafeteria, -s

das Gymnasium, Gymnasien

die Mensa, Mensen
Ich esse in der Mensa.

der Multimediaraum, ¨-e
In der Schule gibt es einen Multimediaraum.

die Pause, -n
Wie lange dauert die Mittagspause?

schulfrei
Samstags ist schulfrei.

der Schulhof, ¨-e
Wir treffen uns auf dem Schulhof.

das Sprachlabor, -s

die Schwimmhalle, -n

(die) Biologie

(die) Chemie

(die) Geschichte

(die) Informatik

(die) Kunst

das Lieblingsfach, ¨-er
Was ist dein Lieblingsfach?

(die) Mathematik

(die) Physik

(die) Religion

(die) Sozialkunde

(der) Sport

der Stundenplan, ¨-e

der Unterricht (Singular)
Wann ist der Unterricht?

das Brot, -e
eine Scheibe Schwarzbrot

das Brötchen, -
zwei Brötchen mit Butter

das Ei, -er
Ich mag keine Eier.

der Fisch, -e
Ich esse (keinen) Fisch.

das Fleisch (Singular)

das Frühstück
Was isst du zum Frühstück?

das Gemüse, -

der Kakao (Singular)

der Käse

das Lieblingsessen
Was ist dein Lieblingsessen?

die Milch (Singular)

die Nudel, -n

das Obst (Singular)
Ich esse gern Obst und Gemüse.

der Salat, -e
Ich nehme einen gemischten Salat.

die Suppe, -n

zu Mittag essen
Was isst du zu Mittag?

zu Abend essen
Zu Abend esse ich Spaghetti.

die Autobahn, -en
Das Einkaufszentrum liegt an der Autobahn.

der Blumenladen, ¨-

die Boutique, -n

die Buchhandlung, -en

geöffnet
Wann ist das Geschäft geöffnet?

das Geschäft, -e

geschlossen

Abgemacht!

die Lust
Hast du Lust, ins Kino zu gehen?

wissen
Das weißt du doch!

Landeskunde

1 In welchem Text findest du diese Information?

Einkaufen in Österreich

Der Wiener Naschmarkt ist der größte Markt der Stadt. Man kann dort vor allem Obst und Gemüse, Brot, Fisch und Fleisch kaufen. Der Naschmarkt ist aber auch eine bekannte Sehenswürdigkeit. Seit 2000 gibt es rund um den Markt viele Restaurants und Bistros. **A**

Brot ist in Österreich sehr wichtig. Es gibt sogar 300 verschiedene Brotsorten! Viele Österreicher kaufen ihr Brot nicht im Supermarkt, sondern in einer Bäckerei. Da schmeckt es nämlich sehr viel besser.  **B**

Mitten im Zentrum wartet seit 2012 das Einkaufszentrum „Wien Mitte". Hier kann man in 50 Geschäften auf 30.000 m² einkaufen. Sehr interessant ist aber auch die Architektur der Einkaufsgalerie. Die Geschäfte sind von Montag bis Freitag von 6 bis 21 Uhr und an Samstagen von 6 bis 18 Uhr geöffnet. **C**

Wien ist viel mehr als Sissi, Prater und Pferdekutschen. Man kann hier nämlich auch super shoppen. Sehr beliebt sind die vielen Luxusboutiquen im Graben. So heißt eine der bekanntesten Straßen im Zentrum der Wiener Altstadt. Das einzige Problem: Die Boutiquen sind nicht billig. **D**

1. Wie lange sind die Geschäfte in Österreich maximal geöffnet? **Text:** ____
2. Wo kaufen viele Österreicher frisches Brot? **Text:** ____
3. Wie heißt der größte Markt in Wien? **Text:** ____
4. Wo in Wien kann man Luxuskleidung kaufen? **Text:** ____

Projektecke **Wo wir einkaufen?**

Macht in Gruppen eine Liste von Sachen, die ihr kauft. Notiert dann, wo ihr diese Sachen kauft. Vergleicht die Ergebnisse mit anderen Gruppen und macht eine Klassenstatistik.

In meiner Gruppe kaufen alle Süßigkeiten: 3 Personen in einem Supermarkt und 2 Personen in einem kleinen Lebensmittelgeschäft.

ZWISCHENSTOPP 9

1 Lies den Text und bilde Sätze. > LESEN

Essen online kaufen?

Mein Name ist Tom und ich komme aus Basel. Ich bin eigentlich immer online: am Laptop oder per Smartphone. Ich informiere mich übers Internet, ich kommuniziere per Internet und ich lerne online. Ach ja, ich kaufe auch übers Internet ein. Was ich kaufe? Bücher, natürlich Computer und Zubehör, aber auch Kleidung und Schuhe. Im Schuhgeschäft oder in der Buchhandlung bin ich nie. Ich habe seit Monaten kein Einkaufszentrum gesehen. Und jetzt fragt mich ein Freund: „Und Kartoffeln, Milch und Gemüse – kaufst du das auch online?" Meine Antwort: „Natürlich nicht". Ich denke nach: Warum kaufe ich online kein Essen? Ich weiß keine Antwort, aber ich weiß genau: Mein Essen kaufe ich nur im Supermarkt, in Lebensmittelgeschäften und auf dem Markt.

1. ☐ Tom kauft übers Internet …
2. ☐ Er sucht oft …
3. ☐ Der Freund von Tom fragt, …
4. ☐ Tom kauft das Essen aber …

a. nie im Internet.
b. ob er im Internet auch Essen kauft.
c. Bücher, Computer und Kleidung.
d. Informationen im Internet.

2 Was ist richtig: a, b oder c? Hör zu und kreuze an. > HÖREN ▶ 86

1. Wer geht in die Schulmensa?

a. ☐ Max.
b. ☐ Marie.
c. ☐ Max und Marie.

2. Wo findet Max die Speisekarte?

a. ☐ In der Schulmensa, auf einem Tisch.
b. ☐ Im Internet, über sein Smartphone.
c. ☐ Auf dem Weg zur Mensa, an der Wand.

3. Welches Menü nimmt Max?

a. ☐ Max nimmt Menü 2.
b. ☐ Max nimmt Menü 1.
c. ☐ Max nimmt Menü 3.

4. Warum nimmt Marie nur den Salat?

a. ☐ Es gibt keinen Gemüsereis mehr.
b. ☐ Sie isst kein Fleisch.
c. ☐ Das ganze Menü kostet zu viel.

3 Was bestellst du? Du hast nur 15 Euro dabei. Antworte. > SPRECHEN

Suppen	
Tomatencremesuppe mit Croutons	3,10
Gulaschsuppe mit Brot	2,80
Zwiebelsuppe	3,10

Hauptgerichte	
Schweinebraten mit Semmelknödeln	12,40
Schnitzel mit Pommes und Salat	11,50
Bratwurst mit Kartoffelsalat	5,50
Grillhähnchen mit Pommes	9,80
Fischfilet mit Salzkartoffeln	13,20
Gemüseauflauf	6,90
Vegetarische Lasagne	8,10
Käseplatte	6,50
Bauernsalat	5,90

Getränke	
Mineralwasser	2,50
Cola	2,50
Apfelsaft	2,50

Heiße Getränke	
Glas Tee	1,70
Tasse Kaffee	1,80
Espresso	2,00
Cappuccino	2,20

Dessert / Kuchen	
Eisbecher	3,80
Obstsalat	3,20
Schokopudding mit Sahne	3,20
Apfelstrudel	3,00

Also, ich nehme **eine Gulaschsuppe** mit Brot, **einen Bauernsalat** und dann **einen Eisbecher**. Und ich trinke **eine Cola**.

Ich nehme **keine Suppe**. Ich esse **ein Grillhähnchen** und trinke dazu **einen Apfelsaft**. Zum Schluss nehme ich **einen Obstsalat**.

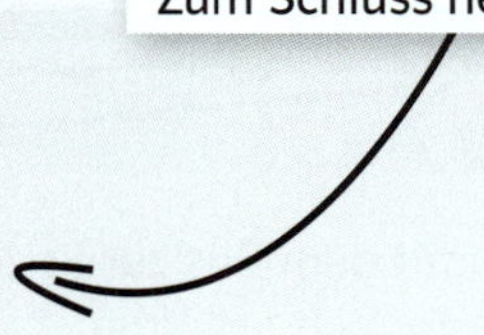

Das geht nicht! Also, **ein Grillhähnchen** kostet 9,80 Euro, **ein Apfelsaft** kostet 2,50 Euro und **ein Obstsalat** 3,20 Euro. Das macht 15,50 Euro!!

4 Lies die Anzeige und schreib eine E-Mail an die Redaktion. > SCHREIBEN

Umfrage zum Thema:
SCHULE UND SCHÜLERALLTAG

Was hast du zu sagen?
Wir möchten das wissen.

Hast du Lust mitzumachen? Schreib darüber und schick uns eine E-Mail.
Juz-Redaktion@com.de

A. Stell dich kurz vor.
B. Stell deine Schule vor.
C. Schreib über deine Lehrer und Lehrerinnen.
D. Welche Fächer lernst du (nicht) gern?

Betreff

Hallo!
Ich habe die Anzeige gelesen und möchte gern mitmachen.

A Um wie viel Uhr steht Jakob auf?

	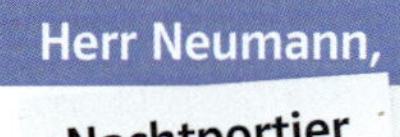 Herr Neumann, Nachtportier	Frau Schulz, Sekretärin	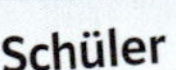 Jakob, Schüler
	 fährt mit dem Bus nach Hause zurück.	 steht auf.	 frühstückt.
	 schläft.	 zieht sich an.	 fährt mit dem Bus zur Schule.
	 schläft.	 fährt mit dem Auto ins Büro.	 kommt in der Schule an.
	 träumt.	 fängt ihre Arbeit an.	 schreibt eine Mathearbeit.
	 duscht.	 isst zu Mittag.	 kommt zu Hause an.

1 Hör zu und sprich nach. > HÖREN ▶ 87

2 Ich frage, du antwortest … Bildet Dialoge. > SPRECHEN

- Was macht Herr Neumann um 7.00 Uhr?
- Er schläft.

- Wer geht um 22.00 Uhr ins Bett?
- Frau Schulz geht um 22.00 Uhr ins Bett.

3 Antworte. > SPRECHEN

1. Um wie viel Uhr fängt Herr Neumann seine Arbeit an?
2. Um wie viel Uhr kommt Jakob in der Schule an?
3. Um wie viel Uhr ruft Frau Schulz den Direktor an?
4. Um wie viel Uhr isst Frau Schulz zu Mittag?
5. Um wie viel Uhr isst Herr Neumann zu Abend?
6. Wohin fährt Frau Schulz um 7.40 Uhr?
7. Wohin fährt Herr Neumann um 6.30 Uhr?
8. Was macht Jakob um 8.05 Uhr?
9. Wann liest Herr Neumann Zeitung?
10. Was macht Frau Schulz um 18.45 Uhr?

4 Lies die Geschichten noch einmal. Suche die Verben unten. > LESEN

zurückfahren • aufstehen • anziehen • ankommen • anfangen • anrufen • fernsehen • zubereiten

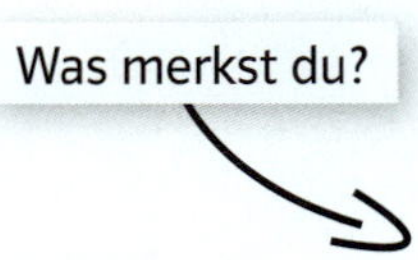

5 Schreib Sätze wie im Text. > WORTSCHATZ

zurück|fahren *Herr Neumann fährt mit dem Bus nach Hause zurück.*

an|fangen

auf|stehen

an|rufen

an|ziehen

fern|sehen

an|kommen

zu|bereiten

Grammatik

aufstehen ▶ Ich stehe **auf**.
anrufen ▶ Ich rufe **an**.
fernsehen ▶ Ich sehe **fern**.

6 Erzähle. Dann interviewe deine Partnerin / deinen Partner. > SPRECHEN

Um wie viel Uhr stehst du auf?

Um wie viel Uhr isst du zu Mittag?

Was isst du zum Frühstück?

Was machst du um 15.00 Uhr?

Wann fährst du zur Schule?

Siehst du fern? Wann?

Wie fährst du zur Schule?

Wann fängt die Schule an?

Wie viele Stunden?

Um wie viel Uhr kommst du von der Schule nach Hause zurück?

Um wie viel Uhr isst du zu Abend?

Wann gehst du schlafen?

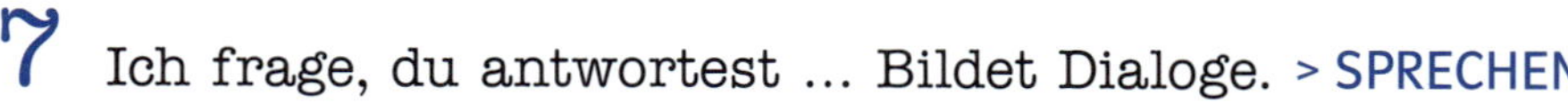

7 Ich frage, du antwortest … Bildet Dialoge. > SPRECHEN

- Was machst du am Morgen?
- Am Morgen stehe ich auf.

Grammatik

jeden Morgen ▶ morgen**s**
jeden Abend ▶ abend**s**
jede Nacht ▶ nacht**s**

am Morgen | am Vormittag | am Nachmittag | am Abend | in der Nacht

AB-Übungen
1–14

B Herr Schröder, wie fahren Sie zur Schule?

8 Hör zu und markiere die richtige Reihenfolge. > HÖREN ▶ 88

- Sie wohnen nicht direkt im Zentrum. Wie fahren Sie zur Schule?
- Ja, ich wohne am Stadtrand. Also fahre ich jeden Tag mit dem Bus zur Schule. ☐

- Wie sieht Ihr Alltag aus?
- Vormittags in der Schule, nachmittags zu Hause: Korrektur der Klassenarbeiten, Vorbereitung der Stunden für den nächsten Tag. Manchmal Lehrerkonferenz. ☐

- Was gefällt Ihnen an Ihrem Beruf und was gefällt Ihnen nicht?
- Langweilig finde ich die Korrektur der Klassenarbeiten. Sehr schön finde ich den Kontakt mit jungen Leuten. ☐

- Nie mit dem Auto?
- Na ja … es passiert manchmal, dass ich spät aufstehe oder dass ich den Bus verpasse. Dann fahre ich mit dem Auto zur Schule. ☐

- Herr Schröder, Sie sind Lehrer. Was unterrichten Sie?
- Ich unterrichte Deutsch und Geschichte. 1

- Herr Schröder, ich wünsche Ihnen viel Spaß mit Ihren Schülern.
- Danke, danke. ☐

- Wie alt sind Ihre Schüler?
- Ich unterrichte Schüler der Klassen 8 bis 10. Meine Schüler sind also zwischen 14 und 16 Jahren alt. ☐

- Herr Schröder, sind Sie gern Lehrer?
- Ja, ich liebe meinen Beruf. Und ich mag meine Fächer. ☐

9 Antworte. > SPRECHEN

1. Was unterrichtet Herr Schröder?
2. Was macht er vormittags und nachmittags?
3. Wie fährt Herr Schröder zur Schule?
4. Wie alt sind seine Schülerinnen und Schüler?
5. Was findet Herr Schröder schön an seinem Beruf? Was nicht?

10 Wie fährt Herr Schröder wohin? Hör zu und kreuze an. > HÖREN ▶ 89

	Bus	Auto	U-Bahn	Straßenbahn	Zug	Fahrrad	Mofa	zu Fuß
Schule								
Marktplatz								
Post								
Bahnhof								
Bank								
Rathaus								
Einkaufszentrum								

Und du?
Wie fährst du zur Schule?

Grammatik

Wie? ▶ mit ▶ Dativ

mit **dem** Bus
mit **der** U-Bahn
mit **dem** Auto

Grammatik

Wohin? ▶ zu ▶ Dativ

zu **dem** Bahnhof
zu **der** Bank
zu **dem** Rathaus

Merk es dir:
zu + dem ▶ zum
zu + der ▶ zur

11 Herrn Schröders Wochenplan. Bildet Dialoge. > SPRECHEN

Montag	Spanisch in der Sprachschule „Multilingua"
Dienstag	Klassenarbeiten korrigieren
Mittwoch	mit Frau Richter ins Kino gehen
Donnerstag	ins Fitnessstudio gehen
Freitag	einkaufen gehen, die Wohnung aufräumen
Samstag	ins Stadion gehen: FC Bayern gegen Borussia Dortmund
Sonntag	sich zu Hause ausruhen

- Was macht Herr Schröder am Dienstag?
- Er korrigiert die Klassenarbeiten.

- Wohin geht Herr Schröder am Mittwoch?
- Am Mittwoch geht er mit Frau Richter ins Kino.

- Geht Herr Schröder am Donnerstag in die Sprachschule?
- Nein, am Donnerstag geht er ins Fitnessstudio.

C Was hast du am Wochenende gemacht?

Lukas
Hallo, Leute! Wie war das Wochenende? Was habt ihr gemacht? Mein Wochenende war schön. Am Samstag haben wir, Adam und ich, ein Computerspiel gespielt. Am Sonntag habe ich mit Mike aus England gechattet. 16:06

Lenka
Hi, Lukas! Das war sicher interessant! Und ich? Ich habe über Frühlingsmode gebloggt. Am Sonntag habe ich italienisch gekocht. Am Nachmittag sind wir, meine Mutter und ich, 10 Kilometer gejoggt! 16:17

Sven
Grüß euch alle! Mein Wochenende war eher langweilig, ich habe Mathe gelernt und meine Aufgaben an den Lehrer gemailt. 16:28

Adam
Hallo, Freunde. Mein Wochenende war ganz schlecht, ich bin am Freitag mit meinem Fahrrad gegen einen Baum gerast. Das Fahrrad ist kaputt und mein Bein ist verletzt … So viel Pech! Am Sonntagabend habe ich mit Lukas ein Spiel gespielt, Lukas war Sieger! Das hat mich nicht gefreut. 17:04

Lenka
Tut mir leid, Adam. Gute Besserung! 17:06

12 Zum Verständnis. Bilde Sätze. > LESEN

		Aufgaben an den Lehrer gemailt.
		ein Computerspiel gespielt.
Lenka		Mathe gelernt.
Lukas	hat	italienisch gekocht.
Sven	ist	über Frühlingsmode gebloggt.
Adam		gegen einen Baum gerast.
		mit ihrer Mutter 10 Kilometer gejoggt.
		mit Mike aus England gechattet.

Lenka hat über Frühlingsmode gebloggt.

13 Zur Kontrolle. Hör zu und sprich nach. > HÖREN 90

14 Ich frage, du antwortest … > SPRECHEN

- Wer **hat** die Aufgaben an den Lehrer **gemailt**?
- Sven hat die Aufgaben an den Lehrer gemailt.

- Wer **ist** 10 Kilometer **gejoggt**?
- Lenka und ihre Mutter sind 10 Kilometer gejoggt.

Grammatik

Perfekt

chatten ▶ hat … gechattet
lernen ▶ hat … gelernt
spielen ▶ hat … gespielt
rasen ▶ ist … gerast

15 Perfekt: Was gehört zusammen? > WORTSCHATZ

1. mailen
2. freuen
3. bloggen
4. kochen
5. spielen
6. lernen
7. chatten
8. joggen
9. rasen

a. ist … gerast
b. hat … gelernt
c. ist … gejoggt
d. hat … gefreut
e. hat … gechattet
f. hat … gekocht
g. hat … gespielt
h. hat … gebloggt
i. hat … gemailt

16 Richtig (R) oder falsch (F)? Hör zu, lies mit und kreuze an. > HÖREN ▶ 91

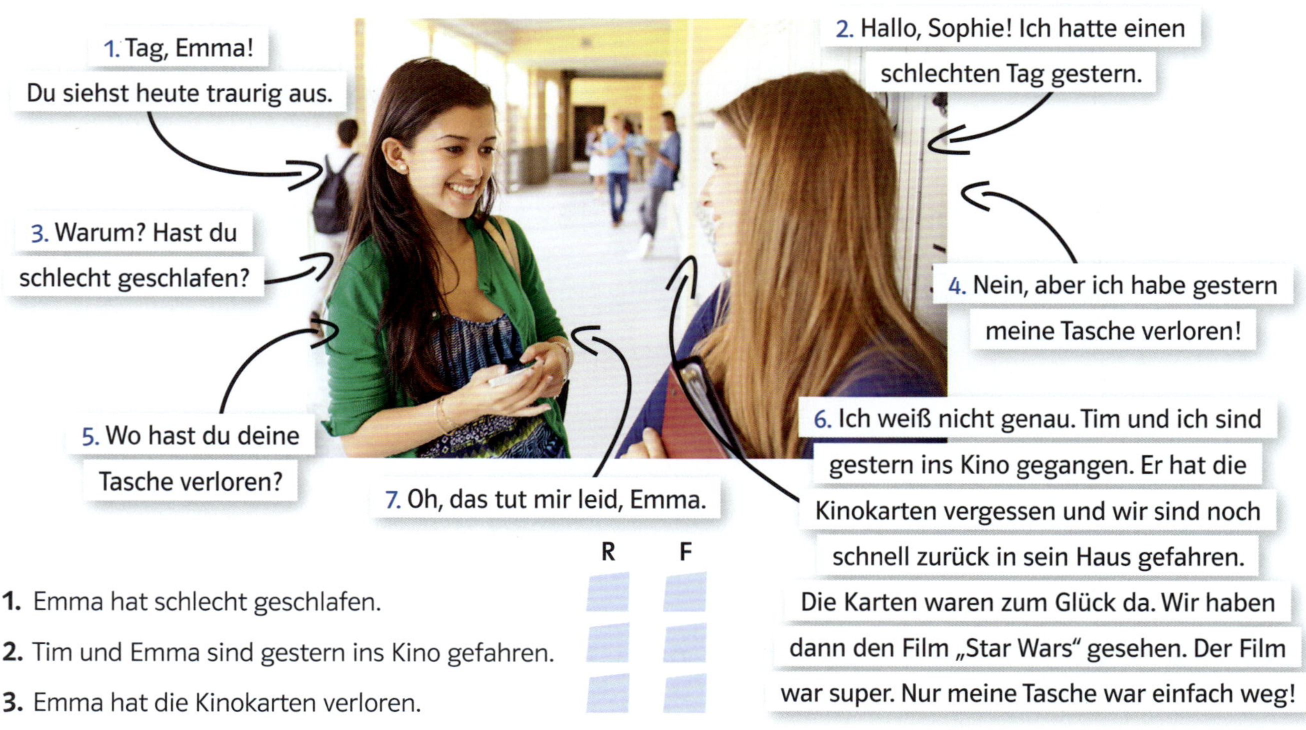

	R	F
1. Emma hat schlecht geschlafen.		
2. Tim und Emma sind gestern ins Kino gefahren.		
3. Emma hat die Kinokarten verloren.		

17 Perfekt: Was gehört zusammen? > WORTSCHATZ

1. ___ hat … geschlafen
2. ___ hat … verloren
3. ___ ist … gegangen
4. ___ hat … vergessen
5. ___ ist … gefahren
6. ___ hat … gesehen

a. sehen
b. vergessen
c. schlafen
d. verlieren
e. gehen
f. fahren

18 Ergänze die SMS an Emma. > SCHREIBEN

AB-Übungen
23 – 31

Phonetik

1 Hör zu und markiere das Wort, das in der Antwort am meisten betont ist. > HÖREN 92

a. • Ist Frau Krause am Samstag nach München gefahren?
• Nein, Frau Krause ist am Sonntag nach München gefahren.

b. • Muss Lena um 12.00 Uhr in die Turnhalle?
• Nein, Lena muss um 12.00 Uhr in die Schwimmhalle.

c. • Geht Paul heute ins Kino?
• Nein, Jens geht heute ins Kino.

2 Hör die Antworten und achte auf die Betonung. Welche Frage passt zu der Antwort? > HÖREN 93

a. • ☐ Hat Lena um 8.00 Uhr Mathematik? / • ☐ Hat Paul um 10.00 Uhr Mathematik?
• Nein, Paul hat um 8.00 Uhr Mathematik.

b. • ☐ Hat Tim gestern sein Mathebuch verloren? / • ☐ Hat Tim heute sein Englischbuch verloren?
• Nein, Tim hat heute sein Mathebuch verloren.

c. • ☐ Möchte Anna ein Schinkenbrot essen? / • ☐ Möchte Lena zwei Schinkenbrote essen?
• Nein, Anna möchte zwei Schinkenbrote essen.

Lektion 10

GRAMMATIK SCHNELL & KLAR

Verben im Präsens

	fahren	schlafen
ich	fahre	schlafe
du	fährst	schläfst
er, sie, es	fährt	schläft
wir	fahren	schlafen
ihr	fahrt	schlaft
sie, Sie	fahren	schlafen

	an|fangen	fern|sehen
ich	fange an	sehe fern
du	fängst an	siehst fern
er, sie, es	fängt an	sieht fern
wir	fangen an	sehen fern
ihr	fangt an	seht fern
sie, Sie	fangen an	sehen fern

Deine Beispiele

	waschen
ich	
du	
er, sie, es	
wir	
ihr	
sie, Sie	

	zurück|fahren
ich	
du	
er, sie, es	
wir	
ihr	
sie, Sie	

Trennbare Verben

Frau Schulz **steht** um 6.30 Uhr **auf**.

Die Schule **fängt** um 8.00 Uhr **an**.
Ich **komme** um 13.00 Uhr **zurück**.
Wir **bereiten** das Frühstück **zu**.

Olaf ruft seine Freundin ___
Ich ruhe mich am Wochenende ___
Wir sehen am Abend ___
Sonia kauft am Nachmittag ___

Präposition *mit* + Dativ

- Wie fährst du zur Schule, Max?
- Mit **dem** Bus oder mit **dem** Fahrrad.
- Olga und Jonas, wie fahrt ihr zum Bahnhof?
- Mit **dem** Taxi oder mit **der** Straßenbahn.

mit ___ Mofa　　mit ___ U-Bahn
mit ___ Auto　　mit ___ Zug

Präposition *zu* + Dativ

Zum Bahnhof, bitte!
Zur Post, bitte!
Zum Einkaufszentrum, bitte!

- Wohin fährst du mit dem Fahrrad?
- ___
- Wohin fährst du mit der Straßenbahn?
- ___

zu Hause / nach Hause

Heute Abend bleibe ich **zu Hause** und sehe fern.
Ich bin am Wochenende **zu Hause**.
Nach der Schule gehe ich **nach Hause**.
Ich komme um 20.00 Uhr **nach Hause** zurück.

Merk es dir!
Ich komme um 13.30 Uhr **zu Hause** an.

Perfekt (regelmäßige Verben)

Was **haben** sie am Wochenende **gemacht**?

Wir **haben** am Computer **gespielt**.
Ich **habe** mit Mary **gechattet**.
Lenka **hat** Tomatensuppe **gekocht**.
Joe **hat** über seine Ferien **gebloggt**.
Inge **hat** Mathe und Bio **gelernt**.

Ich **bin** gestern durch den Park **gejoggt**.
Adam **ist** mit dem Fahrrad gegen den Baum **gerast**.

Partizip Perfekt

kaufen ▶ **ge**-kauf-**t**
sagen ▶ **ge**-sag-**t**
fragen ▶ **ge**-frag-**t**
machen ▶ **ge**-mach-**t**
malen ▶ **ge**-mal-**t**

Perfekt (unregelmäßige Verben)

Ich **habe** sehr gut **geschlafen**.
Sie **hat** ihre Tasche **verloren**.
Ich **habe** mein Handy **vergessen**.
Wir **haben** den Film nicht **gesehen**.

Maria **ist** ins Kino **gegangen**.
Mein Opa **ist** nach Berlin **gefahren**.

Partizip Perfekt

schlafen ▶ **ge**-schlaf-**en**
sehen ▶ **ge**-seh-**en**
fahren ▶ **ge**-fahr-**en**
gehen ▶ **ge**-gang-**en**

Deine Beispiele

Jens ist nicht ___ Hause.
Wann gehst du ___ Hause?
Wir treffen uns bei Pia ___ Hause.
Ich warte bis 12.00 Uhr ___ Hause.

Julia ___ einen Pullover gekauft.
___ du gestern Musik gemacht?
Ich ___ mit meiner Freundin 5 km gejoggt.
Wer ___ am Morgen geduscht?

sparen ▶ ___
skypen ▶ ___
suchen ▶ ___
dauern ▶ ___
starten ▶ ___

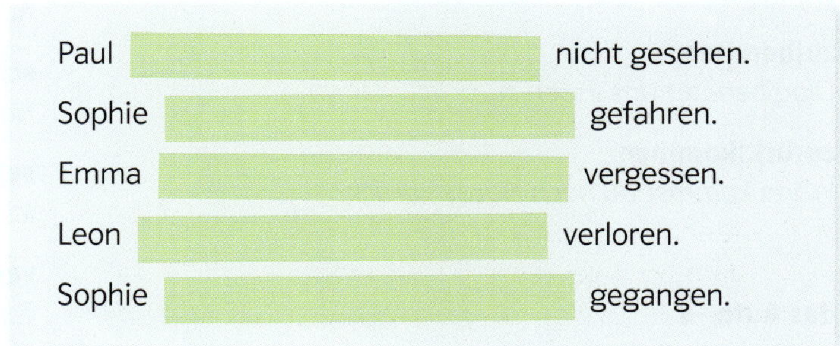
Paul ___ nicht gesehen.
Sophie ___ gefahren.
Emma ___ vergessen.
Leon ___ verloren.
Sophie ___ gegangen.

essen ▶ ___
trinken ▶ ___
kommen ▶ ___
sprechen ▶ ___

Wichtige Wörter

ab|laufen
Wie läuft dein Tag ab?

ab|waschen
Sie wäscht oft ab.

der Alltag
Wie sieht dein Alltag aus?

an|fangen

an|kommen
Sie kommt um 8.00 Uhr im Büro an.

an|rufen
Ich rufe meinen Freund an.

an|ziehen
Claudia zieht das Kleid an.

auf|räumen
Räumst du dein Zimmer auf?

auf|stehen

sich aus|ruhen
Am Abend ruhen wir uns aus.

aus|sehen
Du siehst sehr traurig aus.

bügeln

ein|kaufen
Wo kaufst du ein?

fern|sehen
Siehst du gern fern?

Staub saugen

träumen

zu|bereiten
Olga bereitet das Essen zu.

zurück|kommen
Wann kommst du nach Hause zurück?

das Auto, -s

der Bus, -se

fahren
Fährst du mit dem Mofa?

das Fahrrad, ¨-er
Mein Fahrrad ist kaputt.

das Mofa, -s

die Straßenbahn, -en

die U-Bahn, -en
Ich fahre mit der U-Bahn zum Bahnhof.

der Zug, ¨-e

zu Fuß
Ich gehe zu Fuß zur Schule.

das Büro, -s
Sie fährt ins Büro.

das Fitnessstudio, -s
Am Montag gehe ich ins Fitnessstudio.

die Klassenarbeit, -en
Ich finde die Klassenarbeiten langweilig.

der Kontakt, -e
Ich finde den Kontakt mit jungen Menschen schön.

das Stadion, Stadien

bloggen
Lukas hat gestern gebloggt.

chatten

einfach
Die Tasche war einfach weg!

joggen

kochen
Wie lange hast du gekocht?

mailen

rasen
Adam ist gegen den Baum gerast.

schlafen
Hast du gut geschlafen?

sehen
Ich habe den Film noch nicht gesehen.

vergessen
Tom hat die Kinokarten vergessen.

verlieren
Hanna hat die Tasche verloren.

Gute Besserung!

Tut mir leid!

Viel Spaß!

Landeskunde

1 Richtig (R) oder falsch (F)? Lies den Text und kreuze an.

Nur in Wuppertal

Fast alle der Städte der Welt haben Busse oder Straßenbahnen und in vielen Metropolen fährt eine U-Bahn. Bestimmt ist das auch in deiner Stadt so. Das ist doch ganz normal. Aber eine Schwebebahn, die gibt es nur im deutschen Wuppertal. Eine Linie fährt quer durch die Stadt von Nord-Osten nach Süd-Westen und stoppt an 20 Haltestellen. Sie fährt dabei nicht auf der Straße, sondern hängt an einer Konstruktion in 8 bis 12 Metern Höhe. Die Maximalgeschwindigkeit ist 60 km/h! Die Touristen lieben die Bahn und kommen oft nur deswegen nach Wuppertal. Da können sie auch Postkarten kaufen, mit einem beliebten Motiv: einem Elefanten. 1950 hat es nämlich einen Unfall gegeben. Als Reklame für einen Zirkus hat die Schwebebahn Tuffi transportiert, das war der Name des Elefanten. Tuffi war aber sehr nervös und ist in die Wupper gefallen. Das ist der Fluss in Wuppertal. Zum Glück ist dem Elefanten nichts passiert und er hat bis 1989 gelebt.

	R	F
1. In vielen Städten gibt es eine Schwebebahn.		
2. Es gibt 20 Haltestellen.		
3. Die Schwebebahn fährt auf der Straße.		
4. Die Schwebebahn ist eine Sehenswürdigkeit.		
5. Die Postkarten in Wuppertal machen Reklame für einen Zirkus.		
6. Der Fluss in Wuppertal heißt Tuffi.		

Projektecke **Transportmittel in deinem Land**

Was ist ein typisches Transportmittel in deinem Land oder deiner Stadt? Beantwortet die Fragen und schreibt in Gruppen einen kurzen Text.

Wie heißt das Transportmittel?	
Welche Farbe hat es?	
Wie lang ist das Transportmittel ungefähr?	
Wie schnell kann es fahren?	
Wie viele dieser Transportmittel fahren in deiner Stadt?	
Seit wann gibt es dieses Transportmittel?	
Gibt es eine interessante Geschichte wie die von Tuffi?	

ZWISCHENSTOPP 10

1 Richtig (R) oder falsch (F)? Lies die E-Mail und kreuze an. > LESEN

von Melanie **an** Sandra

Hallo Sandra,

tut mir leid, dass ich am letzten Wochenende keine Zeit hatte. Du weißt doch: Meine Eltern arbeiten von Montag bis Freitag sehr, sehr viel. Für das Wochenende hatten sie einen Plan. Am Samstag hat die ganze Familie gemeinsam den Haushalt gemacht. Meine Schwester hat abgewaschen und abgetrocknet. Ich habe in der ganzen Wohnung Staub gesaugt. Mein Bruder hat eingekauft. Meine Mutter hat das Wohnzimmer und die Küche aufgeräumt. Und mein Vater hat mit der Renovierung des Badezimmers angefangen. Ganz schön viel, oder? Am Sonntag hatten wir dann einen Familientag. Wir sind spät aufgestanden und haben lange zusammen gefrühstückt. Danach haben wir einen kleinen Ausflug gemacht. Später am Sonntag haben wir noch meine Großeltern angerufen und ein bisschen ferngesehen. Danach sind wir ausgegangen, in ein tolles Restaurant. Wir haben uns also ausgeruht. Aber weißt du was? Das nächste Wochenende gehört uns. Da ist dann kein Familientag, da ist ein Freundinnentag. Okay?

Bis bald
Melanie

	R	F
1. Melanie hat sich am Wochenende mit Sandra getroffen.		
2. Melanies Eltern arbeiten am Wochenende viel.		
3. Am Samstag hat Melanies Familie Ordnung gemacht.		
4. Am Samstag ist Melanies Familie zusammen essen gegangen.		
5. Am Sonntag hat sich Melanies Familie ausgeruht.		

2 Lies die Anzeige und schreib eine E-Mail. > SCHREIBEN

Umfrage zum Thema:
ALLTAG UND ALLTÄGLICHES
Was machst du jeden Tag?
Wie sieht dein Wochenende aus?
Wir möchten das wissen.
Hast du Lust, mitzumachen?
Dann schicke uns eine E-Mail und
erzähle davon! Juz-Redaktion@com.de

A. Stell dich kurz vor.
B. Schreib über deinen typischen Tag.
C. Hilfst du im Haushalt? Wie oft? Was machst du?
D. Erzähle von deinen Aktivitäten am Wochenende.

Betreff

3 Interview mit Stefan. Hör zu und sammle Informationen. > HÖREN ▶ 94

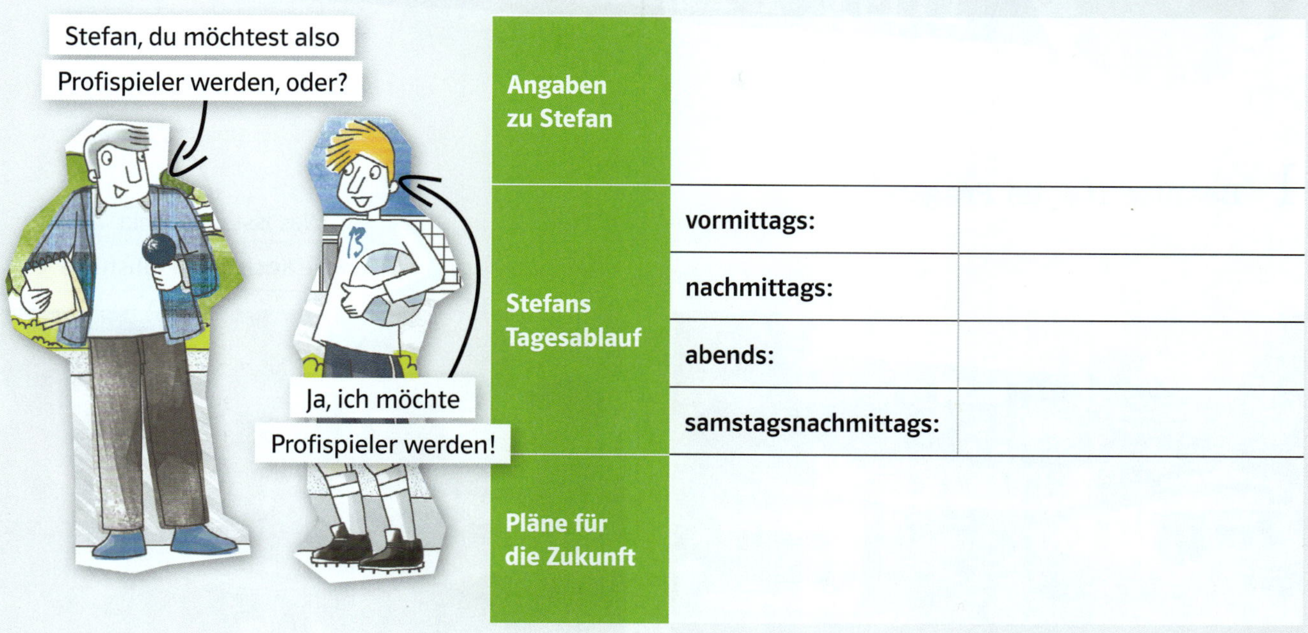

Angaben zu Stefan		
Stefans Tagesablauf	**vormittags:**	
	nachmittags:	
	abends:	
	samstagsnachmittags:	
Pläne für die Zukunft		

4 Bilde Sätze. Dann rekonstruiere die Fragen. > WORTSCHATZ

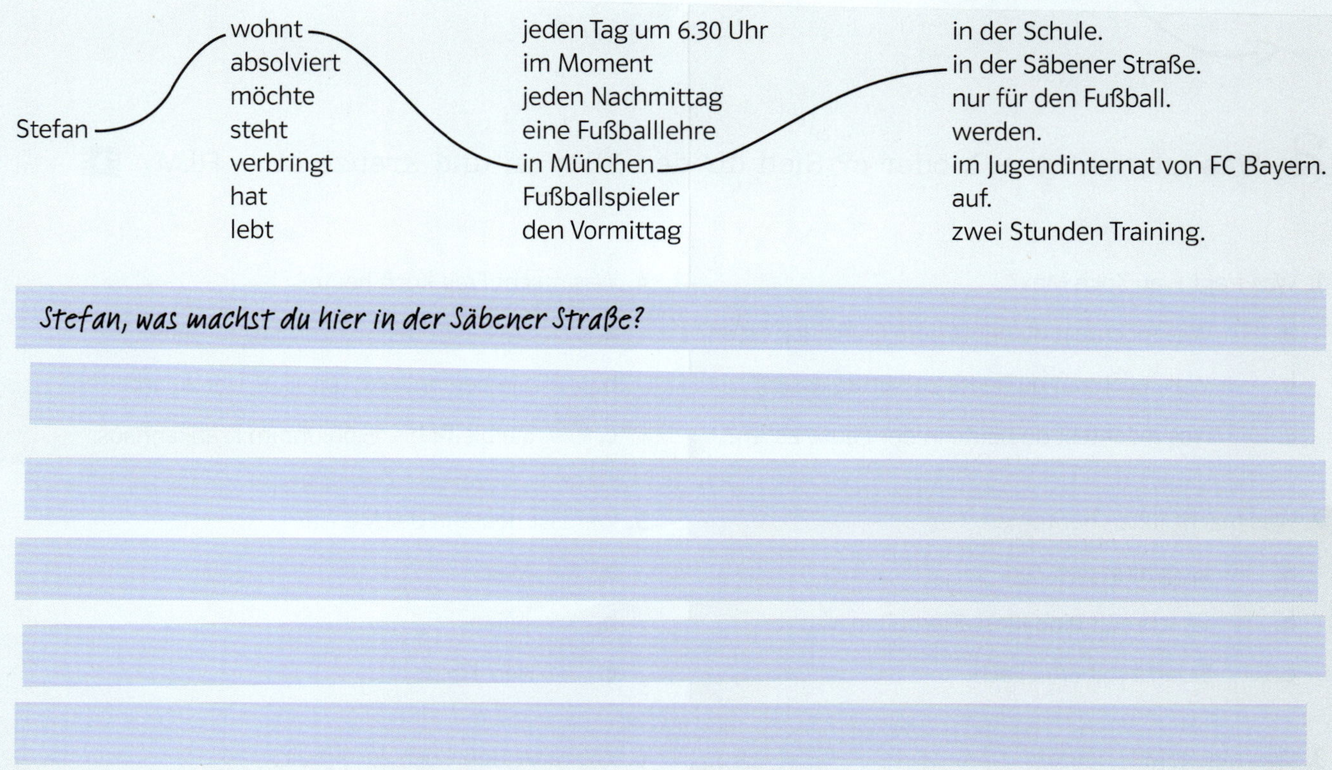

Stefan	wohnt	jeden Tag um 6.30 Uhr	in der Schule.
	absolviert	im Moment	in der Säbener Straße.
	möchte	jeden Nachmittag	nur für den Fußball.
	steht	eine Fußballlehre	werden.
	verbringt	in München	im Jugendinternat von FC Bayern.
	hat	Fußballspieler	auf.
	lebt	den Vormittag	zwei Stunden Training.

Stefan, was machst du hier in der Säbener Straße?

5 Spielt das Gespräch in Paaren. > SPRECHEN

VIDEOSTATION 4 JEDEN MORGEN BEI FAMILIE KOCH

1 Beantworte die Fragen.

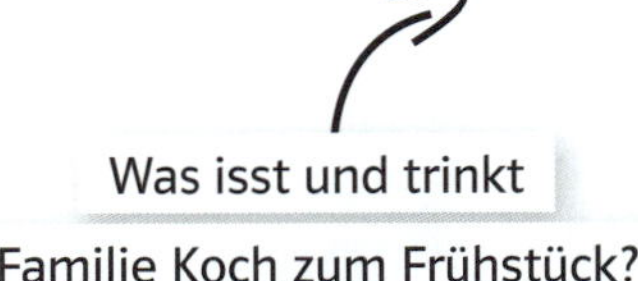

2 Was ist richtig: a, b oder c? Sieh dir den Film an und kreuze an. > FILM 4

1. Was fragt Frau Koch Max?

a. ☐ Was möchtest du heute zum Frühstück essen?
b. ☐ Was möchtest du heute zu Mittag essen?
c. ☐ Was möchtest du heute in der Pause essen?

2. Was macht Julian heute?

a. ☐ Er geht in den Zoo.
b. ☐ Er schreibt eine Klassenarbeit in Mathe.
c. ☐ Er lernt mit Frau Lach.

3. Was macht Max heute?

a. ☐ Er geht in den Zoo.
b. ☐ Er schreibt eine Klassenarbeit in Mathe.
c. ☐ Er lernt mit Frau Riemer.

4. Was macht Frau Koch heute?

a. ☐ Sie bleibt den ganzen Tag zu Hause.
b. ☐ Sie beginnt erst um 15.00 Uhr zu arbeiten.
c. ☐ Sie bleibt bis 15.00 Uhr im Krankenhaus.

5. Wer isst heute in der Mensa?

a. ☐ Max.
b. ☐ Julian.
c. ☐ Herr Koch.

6. Wie fährt Herr Koch zur Arbeit?

a. ☐ Mit dem Zug.
b. ☐ Mit dem Bus.
c. ☐ Mit dem Auto.

3 Morgengespräche. Wer spricht mit wem? Sieh dir den Film an und ergänze die Namen. > FILM 4

- ▢ Guten Morgen, … Gut geschlafen?
- ▢ Na ja, eigentlich möchte ich weiterschlafen.

- ▢ … was möchtest du heute in der Pause essen?
- ▢ Ach, das ist egal … ein Käsebrot, oder einen Apfel …

- ▢ … wo bleibst du denn? Bist du immer noch im Bad?
- ▢ Ich bin fertig. Ich komme … Guten Morgen!

- ▢ … bist du fertig? Unser Bus fährt in fünf Minuten.
- ▢ Ich esse mein Nutellabrot fertig und komme …

- ▢ Wir schreiben heute eine Klassenarbeit in Mathe.
- ▢ Na, dann … viel Glück!

- ▢ Wir gehen heute in den Zoo! Ist es nicht toll?
- ▢ Das ist ja super!
- ▢ Du hast es gut.

1 Max

2 Frau Koch

3 Herr Koch

4 Julian

4 Bilde Dialoge.

- ______
- Ach, das ist egal.

- ______ Ist es nicht toll?
- Das ist ja super!

- ______
- Du hast es gut.

- ______
- Na, dann … viel Glück!

7 Wer kann am schnellsten die Fragen beantworten?

1. Wo sitzt Familie Koch?
2. Wer kommt als Erster zu Tisch: Max oder Julian?
3. Wer nimmt einen Apfel?
4. Wer sieht auf die Uhr?

Bist du scharfsinnig?

A 1 Was passt zusammen? Ordne zu.

1. ___ Wer ist das?
2. ___ Wie heißt die Schwester von Paul?
3. ___ Hat Lena einen Bruder?
4. ___ Hat Max eine Schwester?
5. ___ Sind Paul und Lena Geschwister?
6. ___ Wer ist der Halbbruder von Max?
7. ___ Wie heißt die Mutter von Julian?
8. ___ Wohnen die Eltern von Paul und Lena zusammen?

a. Ja, Paul.
b. Ja, sie sind Geschwister.
c. Julian.
d. Nein, sie sind geschieden.
e. Sie heißt Eva Fischer.
f. Das ist Herr Koch.
g. Nein, er hat keine Schwester.
h. Sie heißt Lena.

2 *Der* oder *die*? *Er* oder *sie*? Ergänze.

1. • Wie heißt ___ Sohn von Herrn Koch?
   • ___ heißt Paul.
2. • Wie heißt ___ Halbschwester von Julian?
   • ___ heißt Lena.
3. • Wie heißt ___ Mutter von Julian?
   • ___ heißt Eva Fischer.
4. • Wie heißt ___ Halbbruder von Paul?
   • ___ heißt Julian.
5. • Wie heißt ___ Tochter von Frau Koch?
   • ___ heißt Lena.
6. • Wie heißt ___ Bruder von Lena?
   • ___ heißt Paul.

3 *Einen* oder *eine*? Ergänze.

1. Paul hat ___ Schwester.
2. Eva Fischer hat ___ Sohn.
3. Max hat ___ Stiefvater.
4. Lena hat ___ Bruder und ___ Halbbruder.
5. Herr Koch hat ___ Sohn und ___ Tochter.
6. Ich habe ___ Bruder und ___ Schwester.

4 Wer hat wie viele Geschwister?

Melanie ist Einzelkind. Stefan hat

5 Wer ist das? Stell die Personen vor.

Patrick Hoffmann
14
Zürich
Schweiz
1 Bruder, 1 Schwester

Das ist Patrick Hoffmann. Er ist 14 Jahre alt. Er wohnt in Zürich. Das liegt in der Schweiz. Er hat einen Bruder und eine Schwester.

Marie Weigel
15
Vaduz
Liechtenstein
1 Bruder

Das ist Marie

Huber Zelger
42
Innsbruck
Österreich
1 Sohn

Alice Bauer
30
Frankfurt
Deutschland
1 Tochter, 1 Sohn

6 Das Verb: ***haben***. Welche Form passt? Ergänze.

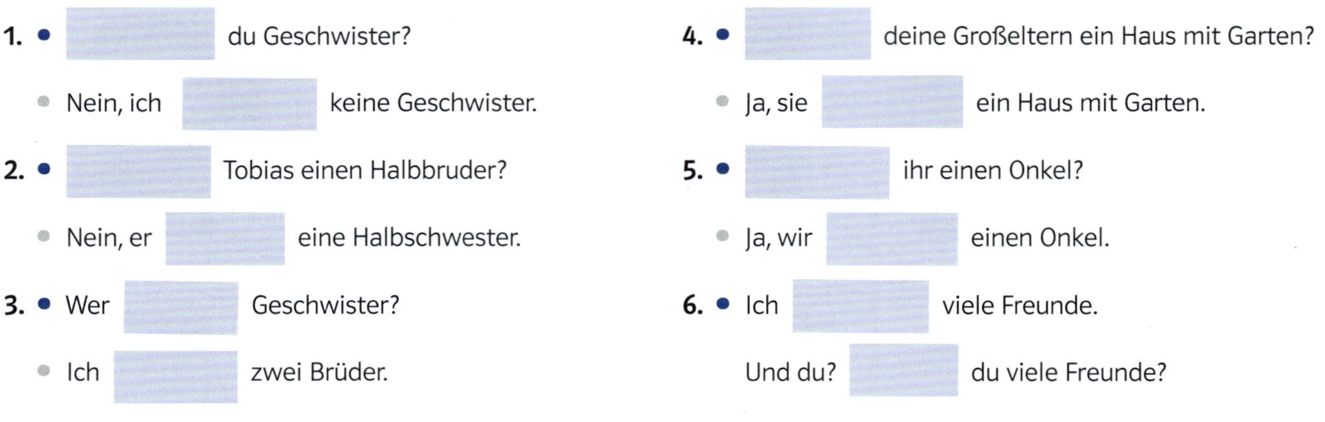

1. • ___ du Geschwister?
   • Nein, ich ___ keine Geschwister.
2. • ___ Tobias einen Halbbruder?
   • Nein, er ___ eine Halbschwester.
3. • Wer ___ Geschwister?
   • Ich ___ zwei Brüder.
4. • ___ deine Großeltern ein Haus mit Garten?
   • Ja, sie ___ ein Haus mit Garten.
5. • ___ ihr einen Onkel?
   • Ja, wir ___ einen Onkel.
6. • Ich ___ viele Freunde.
   Und du? ___ du viele Freunde?

7 Stell die Frage.

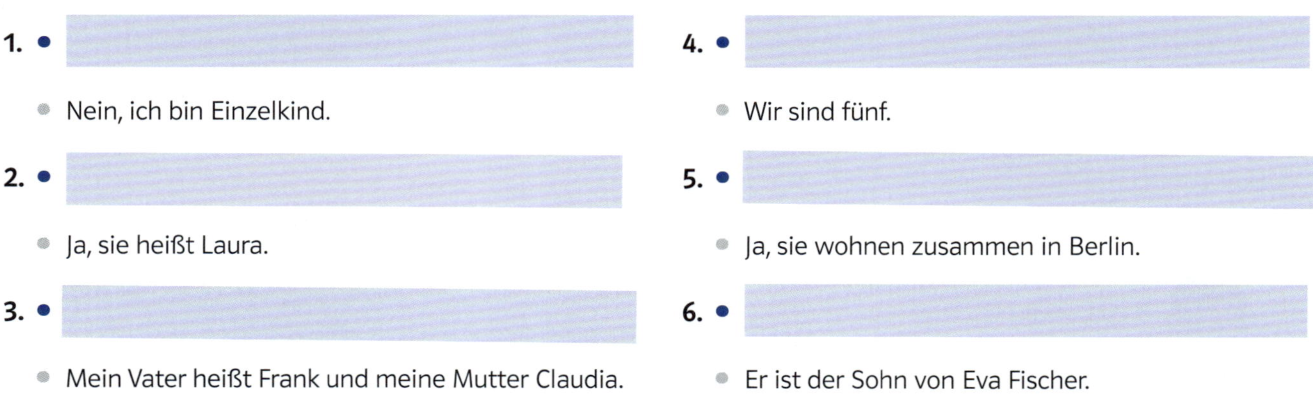

1. • ___
   • Nein, ich bin Einzelkind.
2. • ___
   • Ja, sie heißt Laura.
3. • ___
   • Mein Vater heißt Frank und meine Mutter Claudia.
4. • ___
   • Wir sind fünf.
5. • ___
   • Ja, sie wohnen zusammen in Berlin.
6. • ___
   • Er ist der Sohn von Eva Fischer.

8 Leute stellen sich vor. Hör zu und kreuze an. > HÖREN ▶ 17

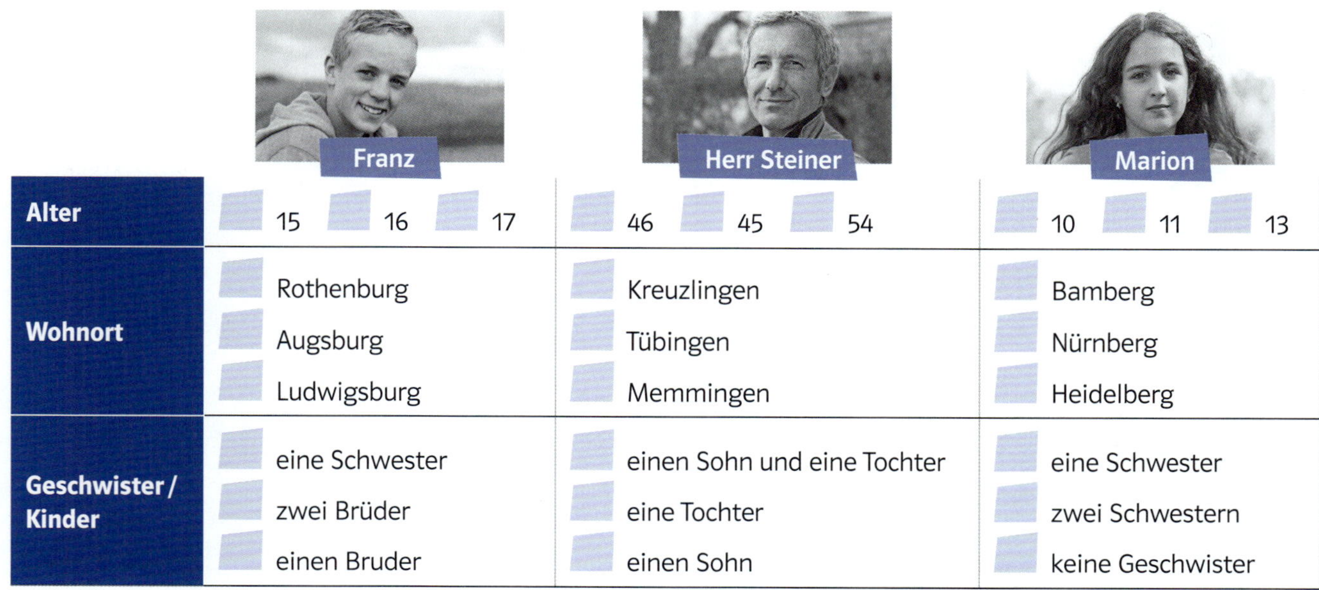

	Franz	Herr Steiner	Marion
Alter	☐ 15 ☐ 16 ☐ 17	☐ 46 ☐ 45 ☐ 54	☐ 10 ☐ 11 ☐ 13
Wohnort	☐ Rothenburg ☐ Augsburg ☐ Ludwigsburg	☐ Kreuzlingen ☐ Tübingen ☐ Memmingen	☐ Bamberg ☐ Nürnberg ☐ Heidelberg
Geschwister / Kinder	☐ eine Schwester ☐ zwei Brüder ☐ einen Bruder	☐ einen Sohn und eine Tochter ☐ eine Tochter ☐ einen Sohn	☐ eine Schwester ☐ zwei Schwestern ☐ keine Geschwister

9 Lies die E-Mail und antworte Anja.

Von: Anja

Hallo,
ich bin Anja. Ich wohne in Berlin und bin 14 Jahre alt. Das sind meine Eltern: Meine Mutter heißt Elisabeth und mein Vater heißt Guido. Er kommt aus Italien. Der Junge auf dem Foto ist mein Bruder: Alexander. Er ist acht Jahre alt. Meine Oma ist auch auf dem Foto. Sie ist 74. Und wie ist es bei dir zu Hause? Wie viele Personen seid ihr? Schreib mir.
Tschüs!
Anja

Von:

Liebe Anja,

B 10 Wie heißen die Tiere auf Deutsch?

11 Wer hat welches Haustier?

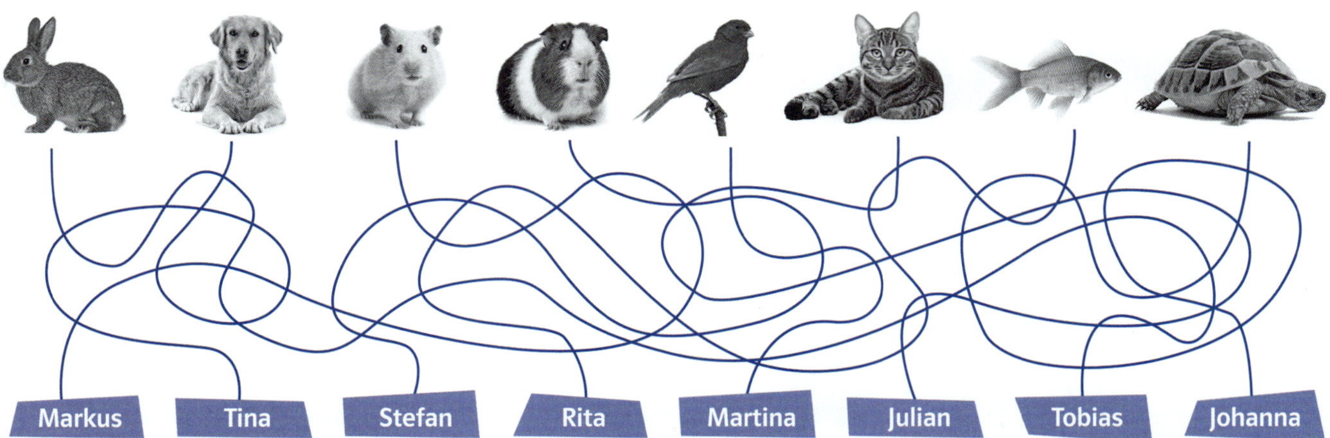

1. • Hat Markus einen Hamster?
   • *Ja, er hat einen Hamster.*
2. • Hat Stefan ein Meerschweinchen?
   •
3. • Hat Rita einen Goldfisch?
   •
4. • Hat Martina einen Kanarienvogel?
   •
5. • Hat Julian ein Kaninchen?
   •
6. • Hat Tobias einen Hund?
   •
7. • Hat Johanna eine Schildkröte?
   •
8. • Hat Tina eine Katze?
   • *Nein, sie hat keine Katze. Sie hat*

12 Wie ist der Plural?

1. ein Hund — zwei
2. eine Katze — zwei
3. ein Hamster — zwei
4. ein Goldfisch — zwei
5. eine Schildkröte — zwei
6. ein Kaninchen — zwei
7. ein Meerschweinchen — zwei
8. ein Kanarienvogel — zwei

13 Antworte wie im Beispiel.

1. • Hast du einen Hund?
   • *Einen Hund? Ich habe viele Hunde!*
2. • Hast du ein Meerschweinchen?
   • ______
3. • Hast du einen Hamster?
   • ______
4. • Hast du eine Katze?
   • ______
5. • Hast du einen Kanarienvogel?
   • ______
6. • Hast du einen Goldfisch?
   • ______
7. • Hast du eine Schildkröte?
   • ______
8. • Hast du ein Kaninchen?
   • ______

14 *Mein* oder *meine*? *Dein* oder *deine*? Ergänze.

1. • Hast du einen Hamster?
   • Nein, aber ______ Freund Timo hat einen.
2. • Wie heißt ______ Bruder?
   • ______ Bruder heißt Tobias.
3. • Wie alt sind ______ Eltern?
   • ______ Mutter ist 40 und ______ Vater ist 43.
4. • Ich habe zwei Zwillingsschwestern.
   ______ Zwillingsschwestern heißen Anne und Petra.
5. • Wo ist ______ Hund?
   • ______ Hund spielt im Garten.
6. • Was macht ______ Katze?
   • ______ Katze schläft den ganzen Tag.

15 Wie ist der Singular? Erinnere dich!

1. zwei Laptops — ein ______
2. zwei Schultaschen — eine ______
3. zwei Handys — ein ______
4. zwei Kugelschreiber — ein ______
5. zwei Deutschhefte — ein ______
6. zwei Mappen — eine ______
7. zwei Poster — ein ______
8. zwei Uhren — eine ______

16 Wer hat welches Haustier? Hör zu, verbinde und bilde Sätze. > HÖREN 18

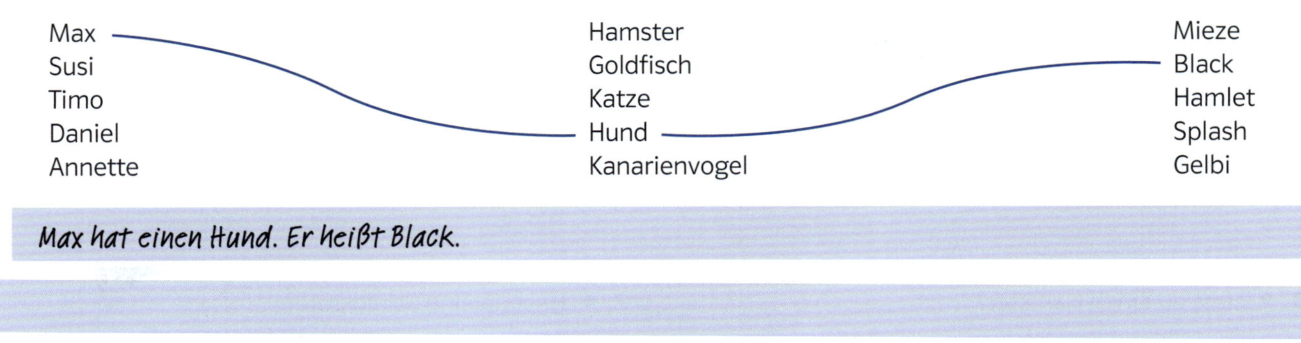

Max hat einen Hund. Er heißt Black.

17 Antworte auf die Fragen.

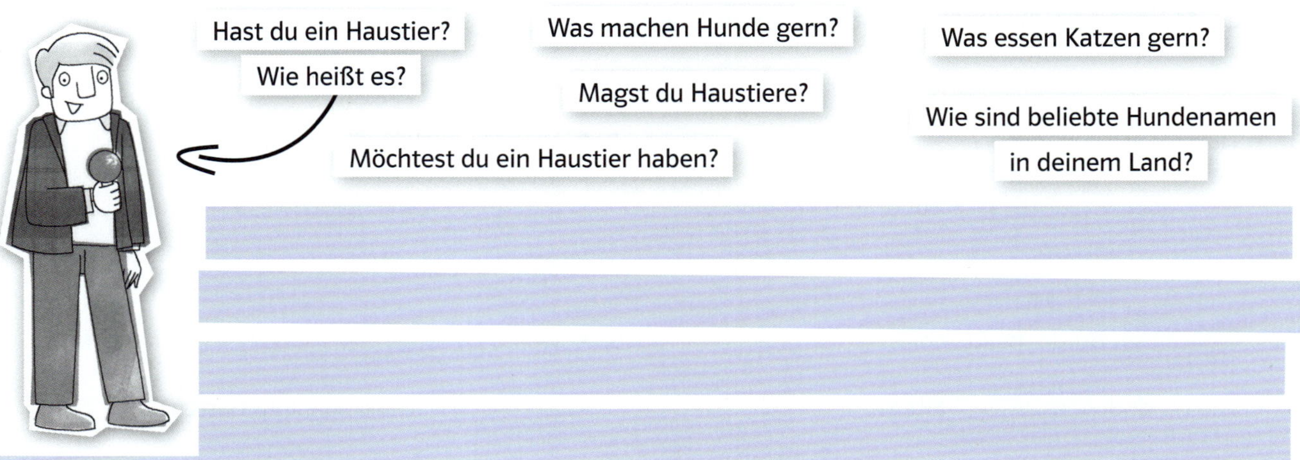

C 18 Wann ist er / sie geboren / gestorben? Schreib die Jahre.

19 Welches Jahr ist das?

1. neunzehnhundertachtzehn
2. achtzehnhundertzweiundfünfzig
3. zweitausendsechzehn
4. siebzehnhundertsechsundsechzig
5. neunzehnhundertneununddreißig
6. fünfzehnhundertelf
7. sechzehnhunderteinundzwanzig
8. achtzehnhundertachtzig

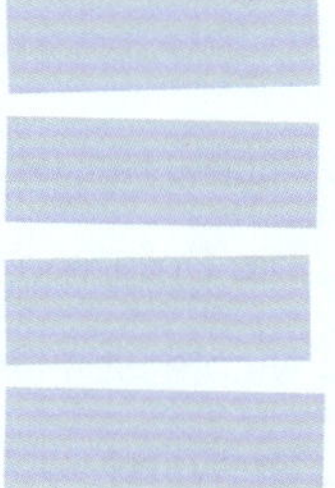

20 Schreib das Jahr.

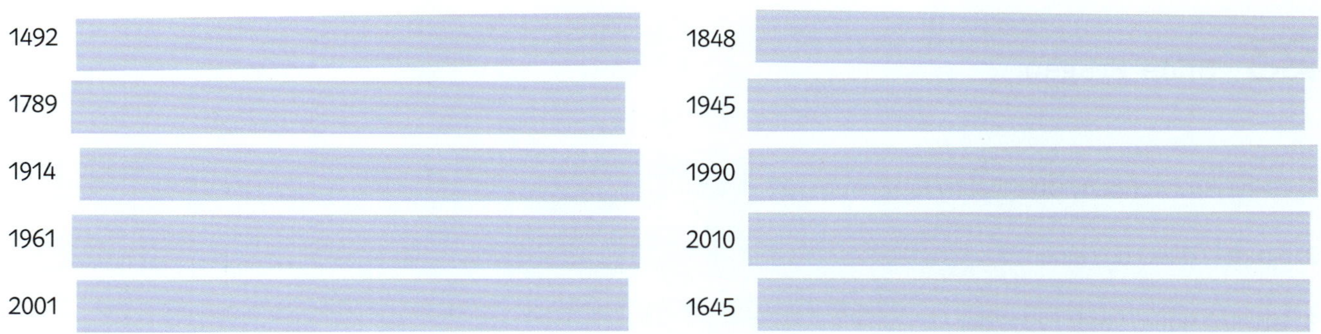

1492

1789

1914

1961

2001

1848

1945

1990

2010

1645

21 Wer ist das?

1. Der Vater von meinem Vater. *mein Großvater*
2. Der Mann von meiner Mutter.
3. Sie hat dieselben Eltern wie ich.
4. Der Bruder von meiner Mutter.
5. Der Sohn von meinem Onkel.
6. Die Frau von meinem Onkel.
7. Die Schwester von meinem Cousin.
8. Die Frau von meinem Opa.
9. Der Vater von meiner Mutter.
10. Die Eltern von meinen Eltern.

22 Richtig (R) oder falsch (F)? Hör zu und kreuze an. > HÖREN ▶ 19

	R	F
1. Nicole hat Geschwister, und zwar einen Bruder und eine Schwester.		
2. Die Oma von Nicole heißt Emma.		
3. Nicole ist 15 Jahre alt.		
4. Der Vater von Nicole heißt Stefan.		
5. In ihrer Freizeit spielt Nicole Tennis.		
6. Nicole hat einen Hund zu Hause.		
7. Die Oma von Nicole ist 87 Jahre alt.		

23 Bilde Fragen.

1. deine / in / wohnen / Offenbach / Großeltern / ?

2. Bruder / hast / du / einen / ?

3. ist / das / Julia / Vater / von / der / ?

4. deine / wann / Oma / geboren / ist / ?

5. Opa / wie / dein / ist / alt / ?

6. spielt / Bruder / im Garten / dein / Fußball / ?

24 Bilde Sätze.

1. meine Katze / mit dem Ball / spielen / kann *Meine Katze kann mit dem Ball spielen.*

2. was / machen / kannst / du / überhaupt nicht / ?

3. Thomas und Max / spielen / Basketball / können / sehr gut

4. fahren / nicht / meine Oma / kann / Auto

5. du / gut / Englisch / kannst / sprechen / ?

6. meine Großeltern / erzählen / interessant / können

Wörtertraining

1 Familienmitglieder.

E wie

O wie

C wie

S wie

H wie

T wie

2 Formuliere die Fragen an deinen neuen Freund.

wie • wie viele • wo • wohin • was • wer • woher …

Wohnen:

Eltern:

Geschwister:

Großeltern:

Freunde:

Haustiere:

Hobby(s):

Sprache(n):

3 Ergänze die Sätze. Benutze das Wörterbuch.

Was brauchen die Tiere?

Mein Hund braucht *eine Leine,*

Meine Katze braucht

Mein Papagei braucht

Lektion 7 HIER WOHNE ICH!

A 1 Wo wohnst du? Kreuze an und schreib dann einen kurzen Text.

Ich wohne ...

- in einer Wohnung.
- in einem Reihenhaus.
- in einem Einfamilienhaus.

...

Meine Wohnung / Mein Haus liegt ...

- im Zentrum.
- am Stadtrand.
- auf dem Land.

...

Meine Wohnung / Mein Haus ist ...

- klein.
- groß.
- neu.
- alt.
- schön.
- gemütlich.

...

Meine Wohnung / Mein Haus hat ...

- 2, 3 ... Zimmer.
- einen Balkon.
- eine Terrasse.
- einen Garten.
- einen Keller.

...

Meine Wohnung / Mein Haus ...

- gefällt mir.
- gefällt mir nicht so sehr.
- finde ich schön.
- finde ich nicht schön.

...

In der Gegend gibt es ...

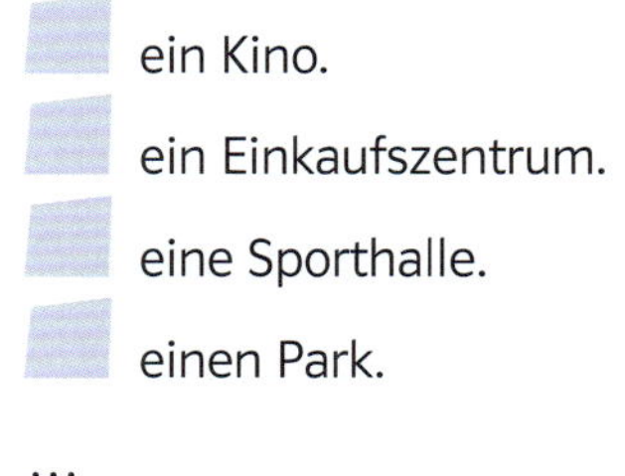

- ein Kino.
- ein Einkaufszentrum.
- eine Sporthalle.
- einen Park.

...

Ich wohne

2 Wie sind die Räume? Schreib Sätze wie im Beispiel.

3 Bilde Minidialoge wie im Beispiel.

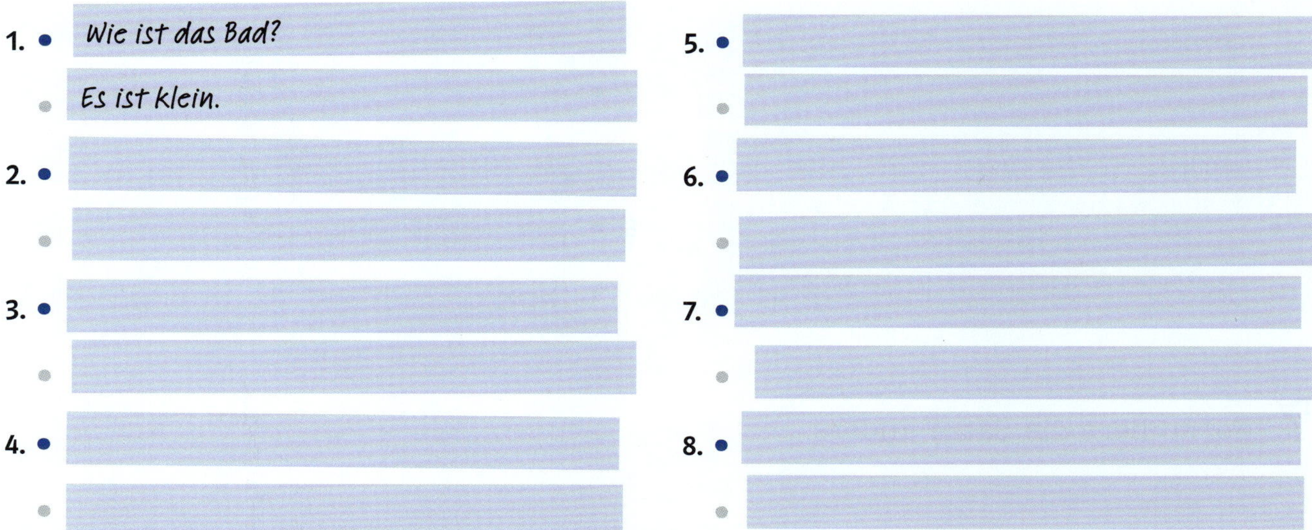

4 Buchstabenschlange. Finde 8 Substantive.

STUZABADADPALKGARTENSCHRKÜCHEUNDHGZIMMERLICHBALKONPRASKELLERABKRAS
WOHNZIMMERLAPSCHTERRASSEBATRUM

5 Buchstabenschlange. Finde 6 Adjektive.

KREOSONNIGABUFSRGEMÜTLICHSASCHRNÜTZLICHLSOEBKLEINSUASCHÖNBSTEIPRAKTISCHICHSBREI

6 Bilde Minidialoge wie im Beispiel.

das Zimmer • der Computer • der Schreibtisch • der Garten • die Wohnung • das Haus • die Terrasse • der Balkon

1. • *Gefällt dir mein Zimmer?*
   • *Ja, es gefällt mir sehr gut.*
2. •
   • *Ja,*
3. •
   • *Nein,*
4. •
   • *Ja,*
5. •
   • *Nein,*
6. •
   • *Ja,*
7. •
   • *Ja,*
8. •
   • *Nein,*

7 Formuliere die Sätze anders.

1. Deine Wohnung gefällt mir.	*Mir gefällt deine Wohnung.*
2. Dein Haus gefällt mir nicht.	Mir
3. Ich finde dein Zimmer sehr schön.	Dein Zimmer
4. Ich wohne im Zentrum.	Im Zentrum
5. Peter wohnt jetzt auf dem Land.	Jetzt
6. Ich finde dein Wohnzimmer gemütlich.	Gemütlich
7. Es geht mir sehr gut heute.	Heute
8. Es geht Lukas schlecht.	Lukas

8 Antworte.

1. Wohnst du in einer Wohnung oder in einem Haus?
2. Liegt deine Wohnung / dein Haus im Zentrum?
3. In welchem Stock liegt deine Wohnung?
4. Wie groß ist deine Wohnung / dein Haus?
5. Wie viele Zimmer hat deine Wohnung / dein Haus?
6. Hast du ein Zimmer nur für dich?
7. Hat deine Wohnung einen Balkon?
8. Hat dein Haus einen Garten?
9. Gefällt dir deine Wohnung / dein Haus?
10. Wohnst du gern in deiner Wohnung / in deinem Haus?

9 Interview mit Nico. Hör zu und kreuze an. > HÖREN ▶ 20

1. Nico wohnt in …
   a. Bamberg.
   b. Nürnberg.
   c. Heidelberg.

2. Nicos Wohnung ist … groß.
   a. 90 m²
   b. 95 m²
   c. 99 m²

3. Nico hat …
   a. einen Bruder.
   b. eine Schwester.
   c. keine Geschwister.

4. Nicos Wohnung hat …
   a. zwei Schlafzimmer.
   b. drei Schlafzimmer.
   c. vier Schlafzimmer.

5. Nicos Wohnung hat …
   a. einen Flur.
   b. einen Balkon.
   c. eine Terrasse.

B 10 Wie heißt das auf Deutsch?

1. das Bücherregal
2. der Stuhl
3. der Fernseher
4. das Bett
5. der Esstisch
6. das Sofa
7. der Kleiderschrank
8. die Mikrowelle
9. die Stehlampe
10. der Kühlschrank
11. der Teppich
12. der Sessel
13. der Schreibtisch

11 Immer nein! Schreib Sätze wie im Beispiel.

1. • Ist das ein Schreibtisch?
   • *Nein, das ist kein Schreibtisch!*
2. • Ist das ein Sofa?
   •
3. • Ist das ein Stuhl?
   •
4. • Ist das eine Mikrowelle?
   •
5. • Ist das ein Fernseher?
   •
6. • Ist das eine Stehlampe?
   •

12 Wie viele Wörter kennst du? Ergänze.

das Wohnzimmer *das Sofa,*

die Küche

der Balkon

der Flur

das Schlafzimmer *das Bett,*

13 Antworte.

1. Findest du die Wohnung schön?
2. Findest du das Wohnzimmer gemütlich?
3. Findest du den Flur nützlich?
4. Findest du die Küche klein?
5. Findest du das Schlafzimmer groß?
6. Findest du den Balkon praktisch?

14 Wie ist der Plural?

Tisch • Sofa • Lampe • Teppich • Bad • Schrank • Küche • Handy • Stuhl • Fernseher • Bett • Computer • Bücherregal • Haus • Mikrowelle • Sessel • Kommode • Videorecorder

-e	¨e	-(e)n	¨er	-s	–

15 Ergänze: ***ihn, sie*** oder ***es***?

1. • Wie findest du den Lehrer?
   • Ich finde ______ sehr nett.
2. • Wie findest du die Lehrerin?
   • Ich finde ______ sehr lustig.
3. • Wie findest du mein Auto?
   • Ich finde ______ toll.
4. • Siehst du heute Herrn Meier?
   • Nein, ich sehe ______ nicht.
5. • Brauchst du heute das Fahrrad?
   • Nein, heute brauche ich ______ nicht.
6. • Kaufst du den Laptop?
   • Natürlich kaufe ich ______
7. • Kennst du meine Freunde?
   • Nein, ich kenne ______ nicht.
8. • Wie findet ihr den Film?
   • Wir finden ______ langweilig.

16 *Der, die* oder *das*? *Ihn, sie* oder *es*? Ergänze.

1. ____ Regal kostet nur 49 Euro. Ich kaufe ____
2. ____ Schrank kostet nur 499 Euro. Ich kaufe ____
3. ____ Sofa kostet nur 550 Euro. Ich kaufe ____
4. ____ Sessel kostet nur 235 Euro. Ich kaufe ____
5. ____ vier Stühle kosten nur 120 Euro. Ich kaufe ____
6. ____ Fernseher kostet nur 649 Euro. Ich kaufe ____
7. ____ Stehlampe kostet nur 99 Euro. Ich kaufe ____
8. ____ Kommode kostet nur 199 Euro. Ich kaufe ____

17 Antworte.

1. • Mutti, wo ist mein Pullover?
   • Tut mir leid, *ich habe ihn nicht gesehen.*
2. • Mutti, wo sind meine Tennisschuhe?
   • Tut mir leid, ____
3. • Mutti, wo ist mein Fotoapparat?
   • Tut mir leid, ____
4. • Mutti, wo ist das Handy von Vati?
   • Tut mir leid, ____
5. • Mutti, wo sind die neuen Bücher?
   • Tut mir leid, ____
6. • Mutti, wo ist der Laptop von Jonas?
   • Tut mir leid, ____

18 Bilde Sätze.

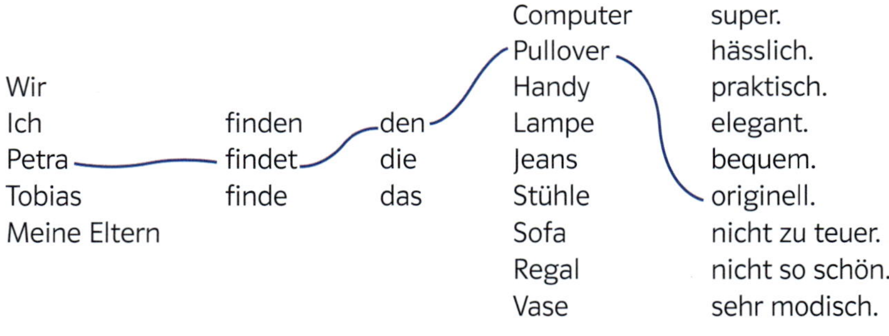

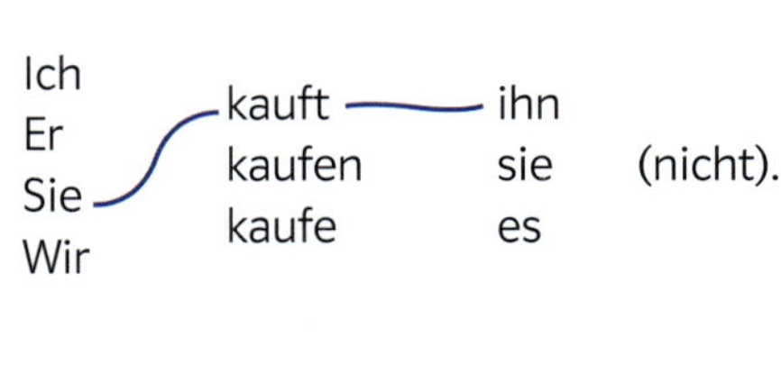

C 19 Petras Zimmer. Ergänze den Text.

höre • Kleiderschrank • gefällt • viele E-Mails • mag • bequem • Hausaufgaben • Bett • surfe • Schrank

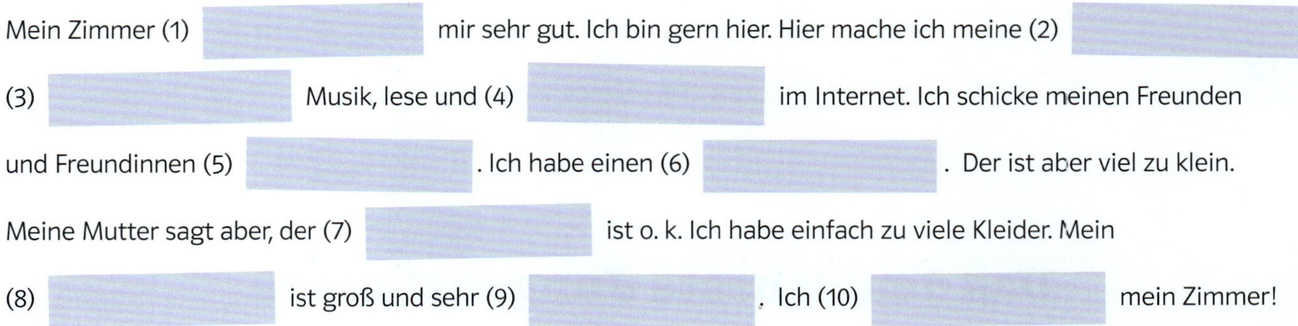

Mein Zimmer (1) ______ mir sehr gut. Ich bin gern hier. Hier mache ich meine (2) ______ , (3) ______ Musik, lese und (4) ______ im Internet. Ich schicke meinen Freunden und Freundinnen (5) ______ . Ich habe einen (6) ______ . Der ist aber viel zu klein. Meine Mutter sagt aber, der (7) ______ ist o. k. Ich habe einfach zu viele Kleider. Mein (8) ______ ist groß und sehr (9) ______ . Ich (10) ______ mein Zimmer!

20 Zur Kontrolle: Hör zu und sprich nach. > HÖREN ▶ 21

21 Antworte.

1. Ist Petra gern in ihrem Zimmer? ______
2. Was macht Petra in ihrem Zimmer? ______
3. Hat Petra einen PC in ihrem Zimmer? ______
4. Wie viele Schränke hat Petra in ihrem Zimmer? ______
5. Wie ist Petras Bett? ______
6. Wie gefällt dir das Zimmer von Petra? ______

22 Stell die Frage.

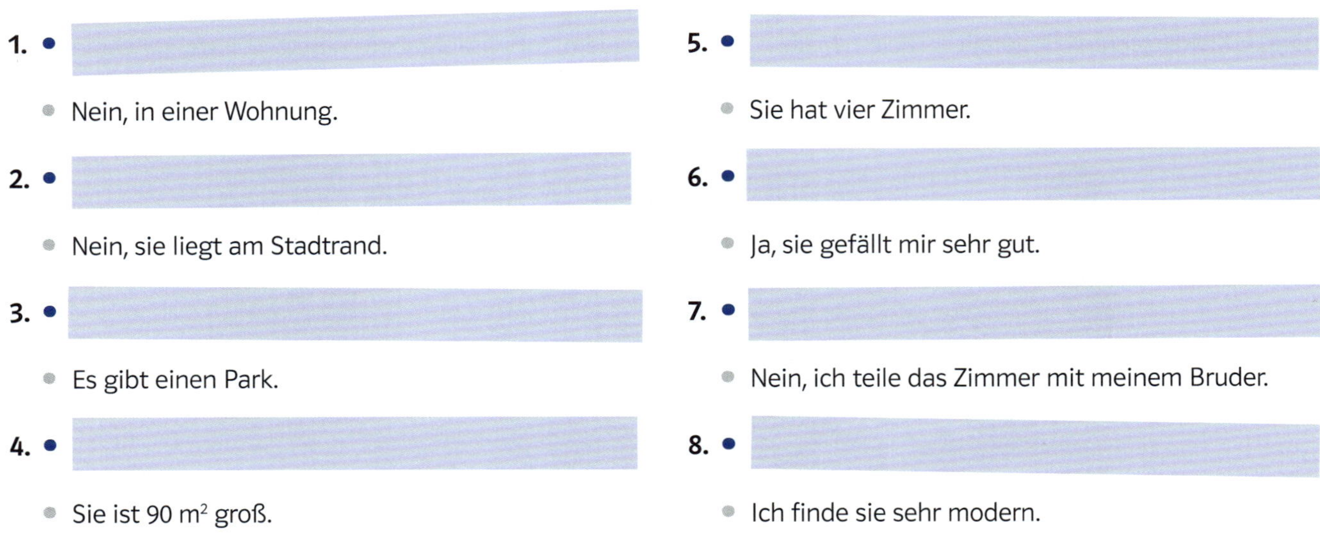

1. •
   • Nein, in einer Wohnung.
2. •
   • Nein, sie liegt am Stadtrand.
3. •
   • Es gibt einen Park.
4. •
   • Sie ist 90 m^2 groß.
5. •
   • Sie hat vier Zimmer.
6. •
   • Ja, sie gefällt mir sehr gut.
7. •
   • Nein, ich teile das Zimmer mit meinem Bruder.
8. •
   • Ich finde sie sehr modern.

23 Richtig (R) oder falsch (F)? Lies den Text und kreuze an.

Das deutscheste Jungenzimmer

Die Agentur Jung von Matt aus Hamburg macht normalerweise Reklame. Aber nicht immer. 50 Studien, 700 Stunden Arbeit, 2.350 Statistiken – fertig ist das typische Zimmer eines deutschen Jungen. Die Chefin Karen Heumann präsentiert das Zimmer heute. Und so sieht es aus: Eine Wand ist rot, die anderen sind weiß. Links steht das Bett und darüber ist ein Auto-Poster. Beim Fenster steht der Schreibtisch. Auf dem Schreibtisch ist ein Schulbuch, der typisch deutsche Junge geht ja zur Schule. Und dann ist da ein Regal. Im Regal sind Comics und Harry-Potter-Bücher. Neben der Tür ist der Schrank. Im Schrank sind Jeans, T-Shirts, Pullis und Sportsachen. Und wie wohnst du?

	R	F
1. Die Agentur ist in München.		
2. Im Zimmer wohnt ein Junge.		
3. Das Zimmer ist weiß und ein bisschen rot.		
4. Typische Jungen sind in Deutschland Schüler.		
5. Typisch deutsche Jungen lesen nicht.		

24 Lies den Text noch einmal und zeichne das typische Jungenzimmer.

Wörtertraining

1 Möbel und Gegenstände. Wie viele Wörter kennst du?

der:

die:

das:

2 Nenne die Räume.

1
2
3
4
5
6

3 Wie gefällt / gefallen dir …? Wie ist / sind …? Schreib deine Meinung.

komisch • originell • cool • fantastisch • interessant • hässlich • langweilig • …

Das Sofa gefällt mir ______. Es ist ______

Lektion 8 – WO DENN?

A 1 Wie ist der Dativ?

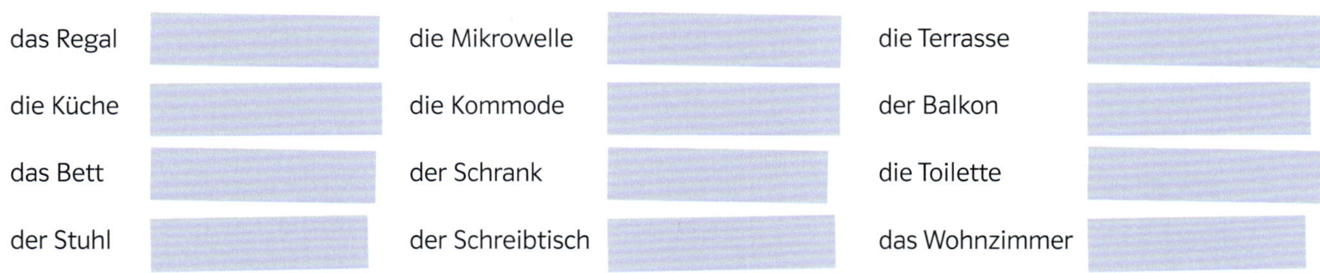

das Regal	die Mikrowelle	die Terrasse
die Küche	die Kommode	der Balkon
das Bett	der Schrank	die Toilette
der Stuhl	der Schreibtisch	das Wohnzimmer

2 Wo ist dein Handy? Ergänze.

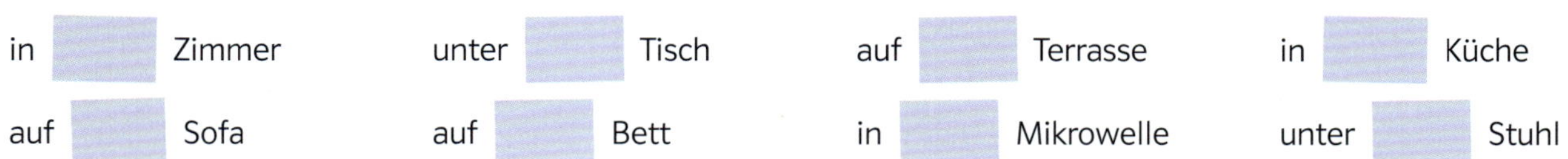

in ___ Zimmer	unter ___ Tisch	auf ___ Terrasse	in ___ Küche
auf ___ Sofa	auf ___ Bett	in ___ Mikrowelle	unter ___ Stuhl

3 Wo sind die Möbel? Bilde Sätze.

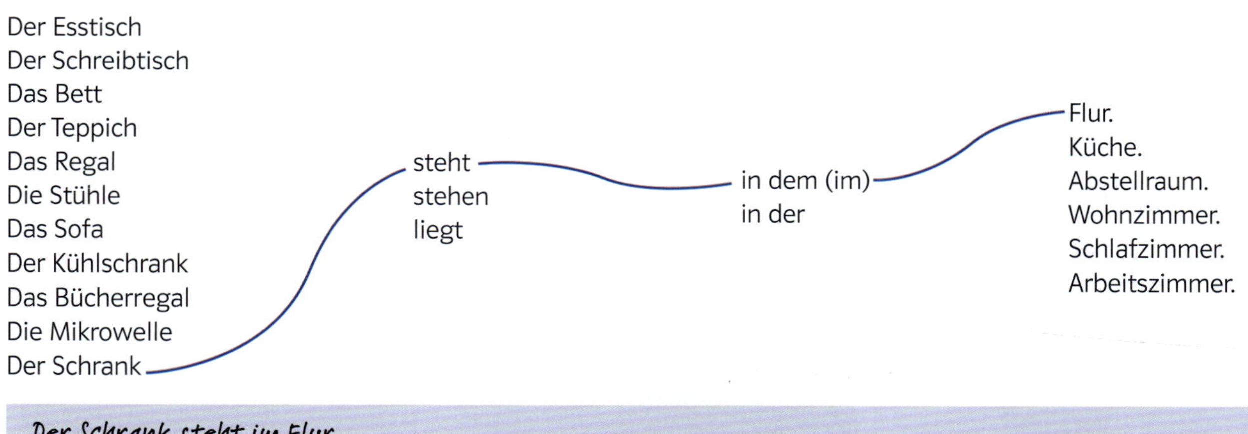

Der Schrank steht im Flur.

4 Schreib Minidialoge.

der Computer • das Zimmer, der Schreibtisch • in, auf

- Wir haben einen neuen Computer!
- Und wo steht er?
- In meinem Zimmer, auf dem Schreibtisch.

der Blumentopf • der Balkon, der Tisch • auf, auf

- Wir haben einen neuen Blumentopf!
-
-

die Mikrowelle • die Küche, der Kühlschrank • in, neben

- Wir haben eine neue Mikrowelle!
-
-

der Teppich • das Schlafzimmer, das Bett • in, unter

- Wir haben einen neuen Teppich!
-
-

die Stehlampe • das Wohnzimmer, das Sofa • in, neben

- Wir haben eine neue Stehlampe!
-
-

der Fernseher • das Zimmer, die Kommode • in, auf

- Wir haben einen neuen Fernseher!
-
-

5 Ergänze.

1. Das neue Sofa steht in ___ Küche.
in ___ Bad.
auf ___ Balkon.

2. Die neue Uhr liegt auf ___ Teppich.
auf ___ Bett.
unter ___ Kommode.

3. Der neue Computer steht unter ___ Schreibtisch.
neben ___ Stehlampe.
auf ___ Regal.

4. Das neue Buch liegt in ___ Geschirrspüler.
in ___ Mikrowelle.
in ___ Kühlschrank.

6 Antworte.

1. Wo steht dein Computer?
2. Wo liegt dein Handy?
3. Wo liegt dein Deutschbuch?
4. Wo steht dein Kleiderschrank?
5. Wo liegen deine Klamotten?

7 Antworte frei.

1. Wo kann man lernen?
2. Wo kann man essen?
3. Wo kann man kochen?
4. Wo kann man schlafen?
5. Wo kann man duschen?
6. Wo kann man sich sonnen?

8 Ergänze die Dialoge.

1. • Isst du heute in ___ Restaurant?
   • Nein, in ___ Mensa.
2. • Frühstückst du heute in ___ Café?
   • Nein, zu Hause, auf ___ Terrasse.
3. • Lernst du heute in ___ Bibliothek?
   • Nein, zu Hause, in ___ Wohnzimmer.
4. • Wo wäschst du dich? In ___ Bad?
   • Ja, natürlich in ___ Bad.
5. • Wo schläfst du? Auf ___ Bett?
   • Nein, auf ___ Sofa.
6. • Wo sonnst du dich? Auf ___ Balkon?
   • Nein, in ___ Garten.

9 Bilde Sätze.

1. Balkon / ich / sitze / dem / frühstücke / und / auf
2. heute / Petra / isst / Mensa / der / in
3. kann / Küche / man / der / in / lernen / auch
4. mein Hund / unter / schläft / Schreibtisch / dem

10 Ergänze die Tabelle.

	sich treffen		
ich		wir	*treffen uns*
du		ihr	
er, sie, es	*trifft sich*	sie, Sie	

11 Das Verb ***sich treffen***.

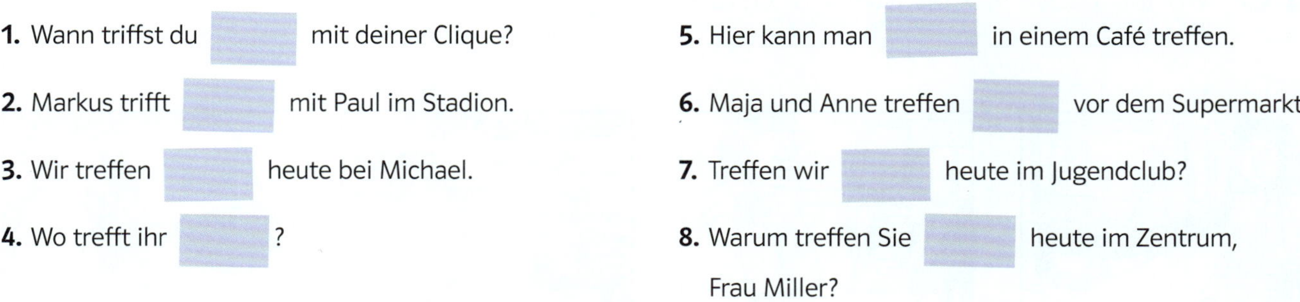

1. Wann triffst du ______ mit deiner Clique?
2. Markus trifft ______ mit Paul im Stadion.
3. Wir treffen ______ heute bei Michael.
4. Wo trefft ihr ______ ?
5. Hier kann man ______ in einem Café treffen.
6. Maja und Anne treffen ______ vor dem Supermarkt.
7. Treffen wir ______ heute im Jugendclub?
8. Warum treffen Sie ______ heute im Zentrum, Frau Miller?

12 ***sich***-Verben. Wie heißen sie in deiner Muttersprache?

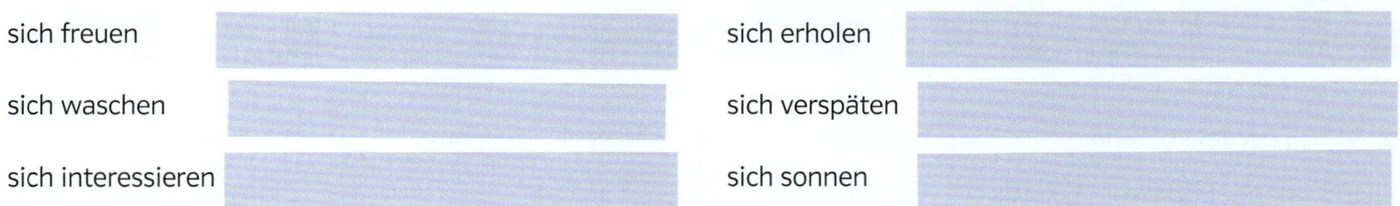

sich freuen ______
sich erholen ______
sich waschen ______
sich verspäten ______
sich interessieren ______
sich sonnen ______

B 13 Wie heißt das in deiner Muttersprache?

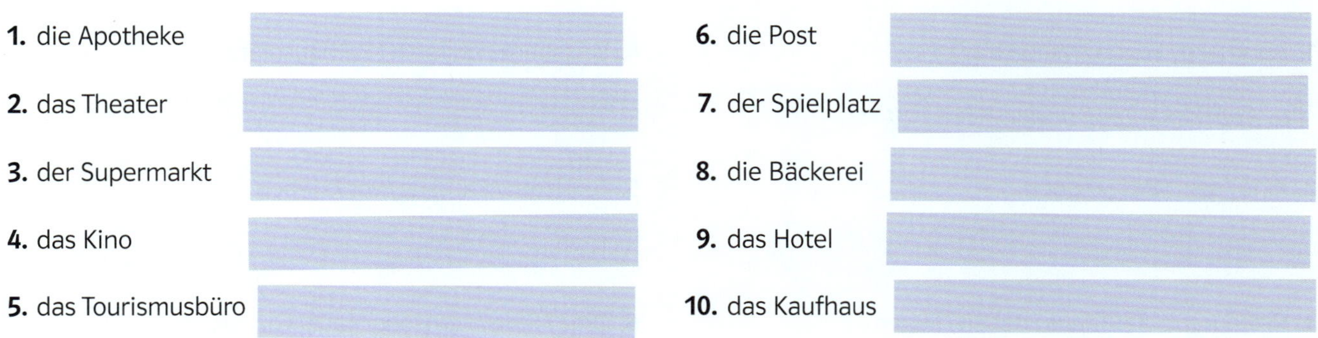

1. die Apotheke ______
2. das Theater ______
3. der Supermarkt ______
4. das Kino ______
5. das Tourismusbüro ______
6. die Post ______
7. der Spielplatz ______
8. die Bäckerei ______
9. das Hotel ______
10. das Kaufhaus ______

14 Wie ist der Dativ?

1. das Kino
2. die Bäckerei
3. der Supermarkt
4. das Theater
5. die Post
6. das Kaufhaus
7. die Toilette
8. das Tourismusbüro
9. der Spielplatz
10. die Apotheke

15 Wo ist Tina? Wo ist Stefan? Ordne zu.

a. in der Telefonzelle
b. vor der Eisdiele
c. am Bahnhof
d. vor dem Kino
e. neben dem Auto
f. im Café
g. an der Haltestelle
h. in der Erhardstraße

16 Bilde Sätze.

1. Apotheke / liegen / Mengstraße / in

   Die Apotheke liegt in der Mengstraße.

2. Kino / sein / Post / neben
3. Restaurant / Kaufhaus / neben / liegen
4. Volksbank / an / sein / Rathausplatz
5. Touristen / Rathaus / vor / stehen
6. Oma / Sofa / Fernseher / auf / vor / sitzen

17 Antworte: *vor* oder *in*?

1. • Wo essen wir? (die Pizzeria)
   • *Natürlich in der Pizzeria!*
2. • Wo bist du am Vormittag? (die Schule)
   •
3. • Wo steht das Taxi? (der Bahnhof)
   •
4. • Wo triffst du deine Freunde? (der Park)
   •
5. • Wo lernst du Spanisch? (die Sprachschule)
   •
6. • Wo wohnt Sabine? (die Goethestraße)
   •
7. • Wo parkst du das Auto? (das Parkhaus)
   •
8. • Wo steht das Auto? (das Theater)
   •

18 Wo? Ergänze und ordne zu.

1. ___ Wo kann man Englisch lernen?
2. ___ Wo kann man joggen?
3. ___ Wo kann man Medikamente kaufen?
4. ___ Wo kann man Eis essen?
5. ___ Wo kann man Leute treffen?
6. ___ Wo kann man Brot kaufen?

a. *In der* Eisdiele, klar!
b. ___ Sprachschule, klar!
c. ___ Bäckerei, klar!
d. ___ Park, klar!
e. ___ Apotheke, klar!
f. ___ Jugendzentrum, klar!

19 Wo wohnt Stefan? Ergänze.

Stefan wohnt …

in	*der*	Ludwigstraße.
neben	*d*	Supermarkt.
	d	Bäckerei.
	d	Park.
	d	Hotel.
	d	Stadtzentrum.
an	*d*	Goetheplatz.

Ich wohne in der Ludwigstraße, neben …
Und du? Wo wohnst du?

20 Wo sind die Menschen? Hör zu und kreuze an. > HÖREN ▶ 22

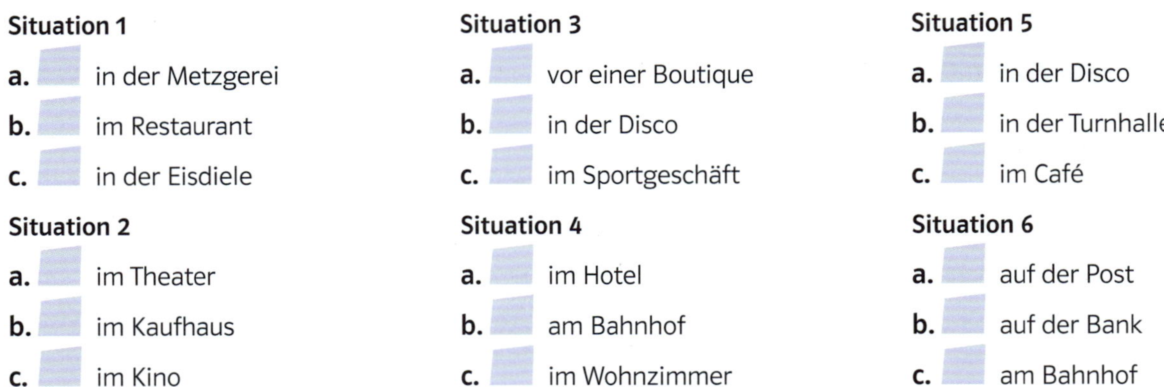

Situation 1
a. ☐ in der Metzgerei
b. ☐ im Restaurant
c. ☐ in der Eisdiele

Situation 2
a. ☐ im Theater
b. ☐ im Kaufhaus
c. ☐ im Kino

Situation 3
a. ☐ vor einer Boutique
b. ☐ in der Disco
c. ☐ im Sportgeschäft

Situation 4
a. ☐ im Hotel
b. ☐ am Bahnhof
c. ☐ im Wohnzimmer

Situation 5
a. ☐ in der Disco
b. ☐ in der Turnhalle
c. ☐ im Café

Situation 6
a. ☐ auf der Post
b. ☐ auf der Bank
c. ☐ am Bahnhof

21 Wo hat Timo das alles vergessen? Schreib Sätze wie im Beispiel.

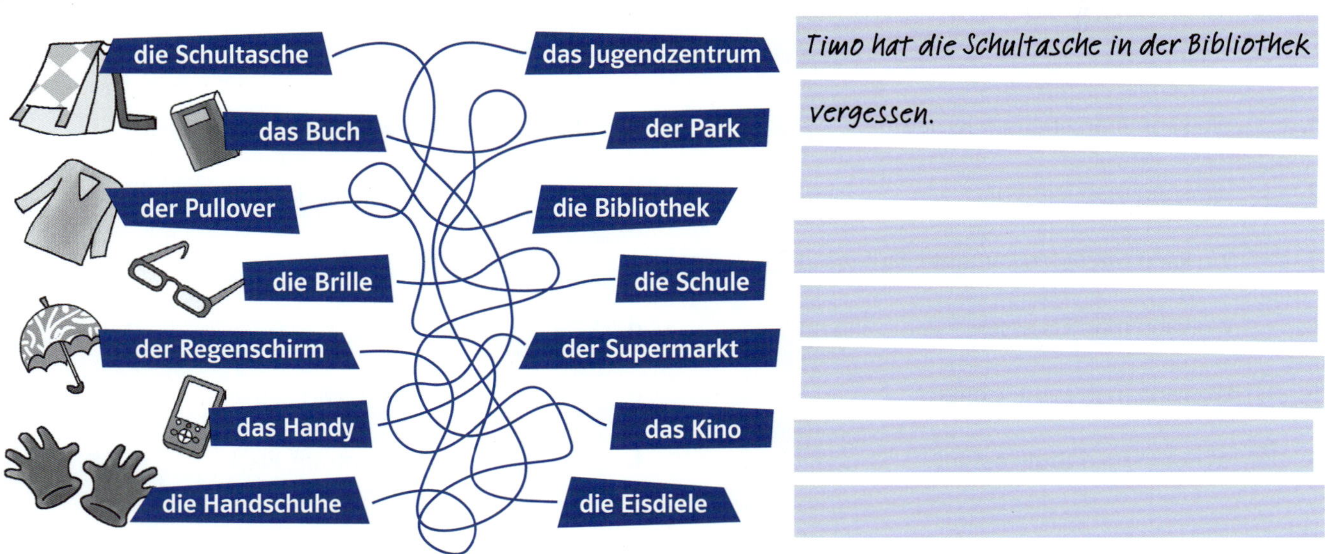

22 Wie ist der Akkusativ?

1. der Bahnhof — *den Bahnhof*
2. die Apotheke — ______
3. der Supermarkt — ______
4. das Kino — ______
5. die Post — ______
6. das Tourismusbüro — ______
7. die Bäckerei — ______
8. der Park — ______
9. der Spielplatz — ______
10. das Theater — ______

23 Ergänze.

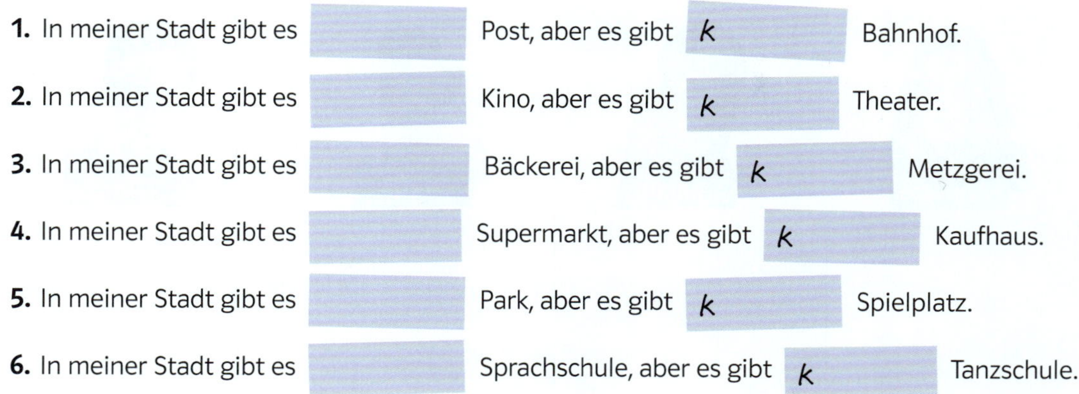

1. In meiner Stadt gibt es ______ Post, aber es gibt k______ Bahnhof.
2. In meiner Stadt gibt es ______ Kino, aber es gibt k______ Theater.
3. In meiner Stadt gibt es ______ Bäckerei, aber es gibt k______ Metzgerei.
4. In meiner Stadt gibt es ______ Supermarkt, aber es gibt k______ Kaufhaus.
5. In meiner Stadt gibt es ______ Park, aber es gibt k______ Spielplatz.
6. In meiner Stadt gibt es ______ Sprachschule, aber es gibt k______ Tanzschule.

C 24 Das Verb: *wissen*. Ergänze die Tabelle und dann die Sätze.

	wissen		
ich		wir	
du		ihr	wisst
er, sie, es	weiß	sie, Sie	

1. • Wo liegt das Nationalmuseum? ______ ihr das?
   • Natürlich ______ wir das! Wir wohnen neben dem Nationalmuseum.
2. • Entschuldigung, fährt der Bus zum Bahnhof? ______ Sie das?
   • Ich ______ es leider nicht.
3. • Spricht Peter Italienisch? ______ du das?
   • Nein, ich ______ es nicht, aber Pia ______ das bestimmt!

25 Wo triffst du deine Freunde? Antworte.

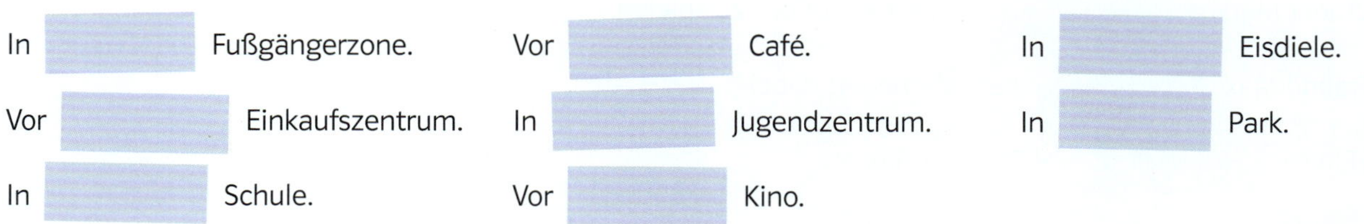

In ______ Fußgängerzone.
Vor ______ Einkaufszentrum.
In ______ Schule.
Vor ______ Café.
In ______ Jugendzentrum.
Vor ______ Kino.
In ______ Eisdiele.
In ______ Park.

26 Meine Clique. Hör zu und ergänze die Tabelle. > HÖREN ▶ 23

	Annette	Julian	Katja	Tim
Wie viele Leute?				
Treffpunkt?				
Wie oft?				
Was?				

27 Das Verb *sein* im Präteritum. Ergänze.

1. Wo *war* Maria?

2. Wo ______ Alex und Mesut?

3. Wo ______ du, Elke?

4. Michael und Pia, wo ______ ihr?

5. Herr Galanis, wo ______ Sie?

6. Leon, ______ du im Kino?

7. Wo ______ Julia, weißt du das?

8. Hanna, wo ______ du mit Julia?

Wo waren gestern deine Freunde?

28 Das Verb *haben* im Präteritum. Ergänze.

1. Ich ______ gestern viel zu tun.

2. Annika ______ gestern keine Hausaufgaben.

3. Meine Schwester Julia ______ keine Zeit für mich.

4. Mein Bruder Markus ______ keine Lust, Fußball zu spielen.

5. Mein Freund Max ______ kein Matheheft dabei.

6. Meine Eltern ______ viel Spaß im Theater.

7. ______ du gestern Nachmittag Zeit, Olga?

8. Meine Oma ______ einen Hund und eine Katze.

Wörtertraining

1 Was gibt es in der Stadt? Ergänze.

Es gibt einen B ____, P ____, S ____, S ____

Es gibt eine E ____, B ____, A ____, S ____

Es gibt ein R ____, C ____, K ____, T ____

2 Was fragen die Touristen? Ergänze die Fragen.

Wo kann man ____?

Wo gibt es ____?

Wo liegt ____?

Kann man ____?

3 Lies das Gespräch und ergänze es.

Tschüs • um • bis • Servus • Wir • neben • in • wo

- ____, Tobias. Hier Markus.
- Hi, Markus!
- Tobias, ____ treffen wir uns heute Abend?
- ____ treffen uns vor der Disco. Du weißt, wo sie liegt?
- Klar, ____ der Parkstraße, ____ dem Parkhaus.
- Genau! Also … dann ____ heute Abend!
- Moment mal, Tobias, ____ wie viel Uhr treffen wir uns?
- Um 20.00 Uhr!
- Ciao, Tobias!
- ____!

ALLTÄGLICHES

A 1 Was macht man hier? Ordne zu und bilde Sätze.

1. d der Musikraum
2. die Bibliothek
3. der Computerraum
4. die Turnhalle
5. die Cafeteria
6. die Schwimmhalle
7. der Schulhof
8. die Mensa

a. Sport treiben
b. einen Kaffee trinken
c. Pause machen
d. Musik machen
e. zu Mittag essen
f. schwimmen
g. im Internet surfen
h. Bücher lesen

Im Musikraum machen wir Musik.

2 Welche Fächer sind das?

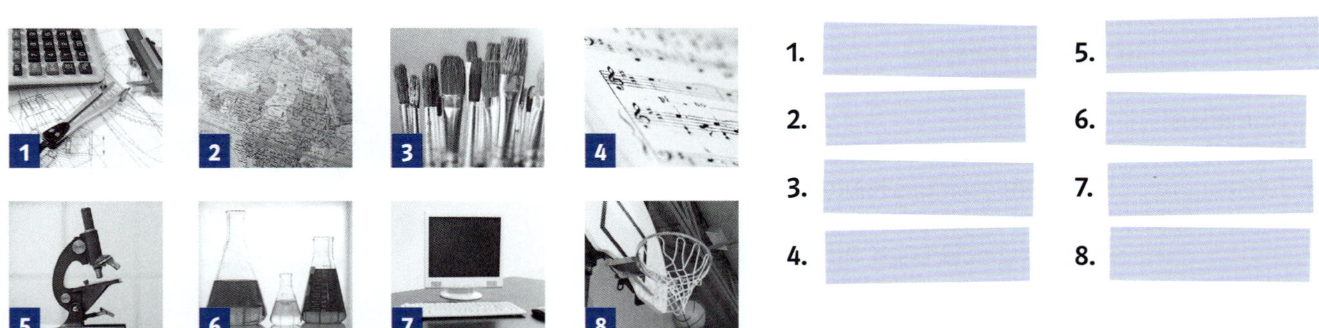

1.
2.
3.
4.
5.
6.
7.
8.

3 Welche Fächer sind das? Ordne die Buchstaben.

1. DESOZIALKUN
2. IONGRELI
3. CHGETESCHI
4. ENSCHGLI
5. PSIHYK
6. IEBOGIOL

4 Dein Stundenplan. Ergänze.

	Montag	Dienstag	Mittwoch	Donnerstag	Freitag
1.					
2.					
3.					
4.					
5.					
6.					
7.					
8.					

5 Welche Wochentage sind das?

Sa = ______ Do = ______ So = ______ Di = ______

Mo = ______ Fr = ______ Mi = ______

6 Wie heißen die Wochentage?

1. Nach dem Dienstag kommt der ______
2. Nach dem Sonntag kommt der ______
3. Vor dem Montag kommt der ______
4. Vor dem Mittwoch kommt der ______
5. Nach dem Freitag kommt der ______
6. Vor dem Freitag kommt der ______
7. Nach dem Donnerstag kommt der ______

7 *Am* oder *um*? *Stunde* oder *Uhr*? Ergänze.

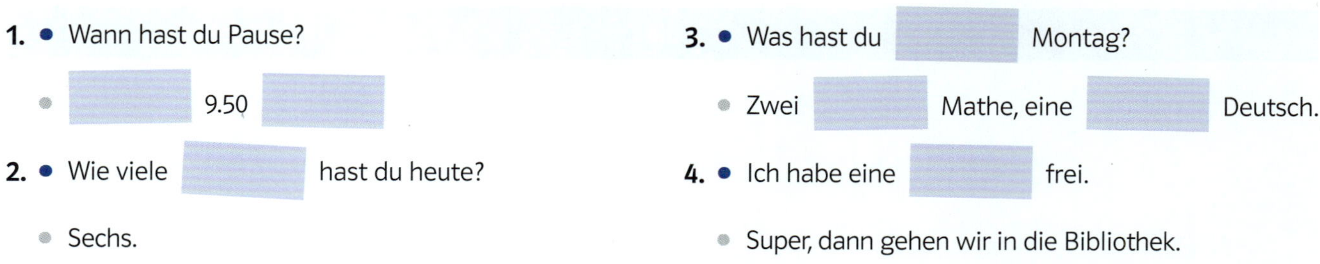

1. • Wann hast du Pause?
   • ______ 9.50 ______
2. • Wie viele ______ hast du heute?
   • Sechs.
3. • Was hast du ______ Montag?
   • Zwei ______ Mathe, eine ______ Deutsch.
4. • Ich habe eine ______ frei.
   • Super, dann gehen wir in die Bibliothek.

8 Interviews. Hör zu und ergänze die Informationen. > HÖREN ▶ 24

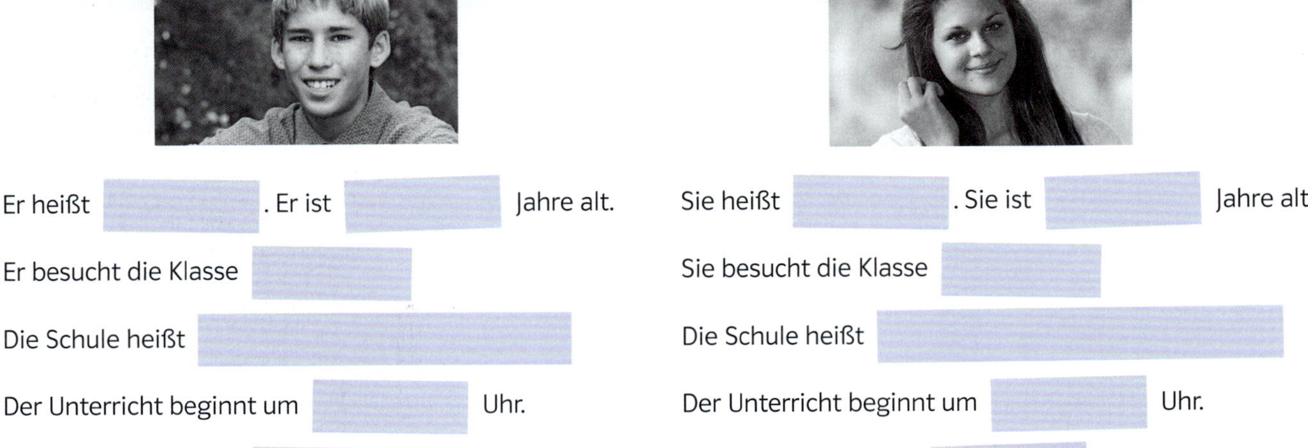

Er heißt ______. Er ist ______ Jahre alt.

Er besucht die Klasse ______

Die Schule heißt ______

Der Unterricht beginnt um ______ Uhr.

Der Unterricht ist um ______ Uhr zu Ende.

Sein Lieblingsfach ist ______

Er findet, ______ macht keinen Spaß.

Sie heißt ______. Sie ist ______ Jahre alt.

Sie besucht die Klasse ______

Die Schule heißt ______

Der Unterricht beginnt um ______ Uhr.

Der Unterricht ist um ______ Uhr zu Ende.

Ihr Lieblingsfach ist ______

Sie findet, ______ macht keinen Spaß.

9 Welche Fächer mag Tobias (nicht)? Hör zu und kreuze an. > HÖREN ▶ 25

	👍	👎
Biologie	☐	☐
Geschichte	☐	☐
Latein	☐	☐
Sport	☐	☐
Mathe	☐	☐
Englisch	☐	☐

B 10 Was gehört wohin? Ordne zu.

Obst • Käse • Wein • Wurst • Gemüse • Salat • Fleisch • Fisch • Milch • Butter • Brot • Reis

der	die	das

11 Wie heißt das in deiner Muttersprache?

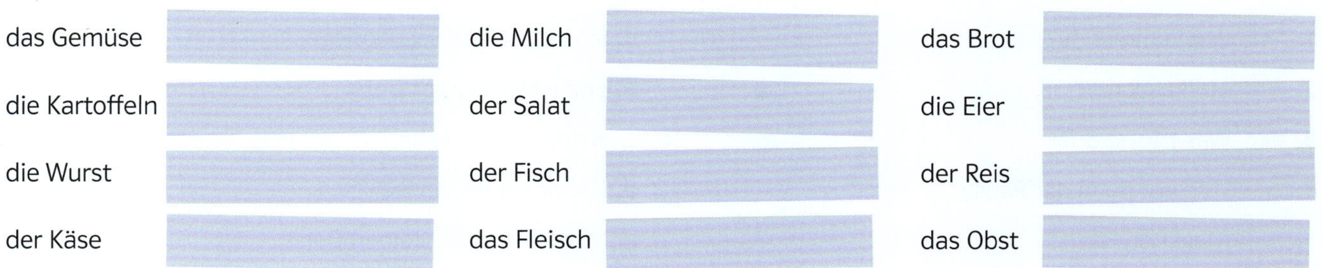

das Gemüse		die Milch		das Brot	
die Kartoffeln		der Salat		die Eier	
die Wurst		der Fisch		der Reis	
der Käse		das Fleisch		das Obst	

12 Das mag ich. Das mag ich nicht! Bilde Sätze.

13 Schreib Beispiele.

1. Was isst man kalt?
2. Was isst man warm?
3. Was ist süß?
4. Was ist sauer?
5. Was ist flüssig?

14 Buchstabenschlange. Finde 7 Wörter.

MNUCORNFLAKESCFTRESCHWARZBROTCFDREREISXDERTEEHZTRMILCHFREPSPAGHETTIGTRESALATPOIUJOGHURTBRE

15 Was passt zusammen? Ordne zu.

1. ___ Was nimmst du?
2. ___ Ein Käsebrot?
3. ___ Was trinkst du?
4. ___ Was isst du in der Pause?
5. ___ Magst du Fisch?
6. ___ Einen Pudding?

a. Ich esse einen Schokoriegel.
b. Einen Hamburger, bitte.
c. Nein, nicht so sehr.
d. Lieber ein Eis, danke.
e. Nichts, ich habe keinen Durst.
f. Nein, danke, ich habe keinen Hunger.

16 Welches Wort passt nicht? Markiere.

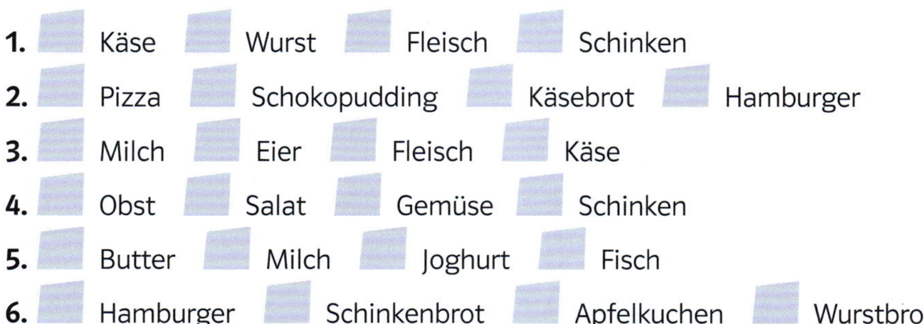

1. ___ Käse ___ Wurst ___ Fleisch ___ Schinken
2. ___ Pizza ___ Schokopudding ___ Käsebrot ___ Hamburger
3. ___ Milch ___ Eier ___ Fleisch ___ Käse
4. ___ Obst ___ Salat ___ Gemüse ___ Schinken
5. ___ Butter ___ Milch ___ Joghurt ___ Fisch
6. ___ Hamburger ___ Schinkenbrot ___ Apfelkuchen ___ Wurstbrot

17 Ergänze.

1. • Nimmst du *einen* Schokopudding?
   • Nein, ich mag *keinen* Pudding.
2. • Nimmst du ___ Käsebrot?
   • Nein, ich mag ___ Käsebrot.
3. • Nimmst du ___ Frikadelle?
   • Nein, ich mag ___ Frikadelle.
4. • Nimmst du ___ Salat?
   • Nein, ich mag ___ Salat.

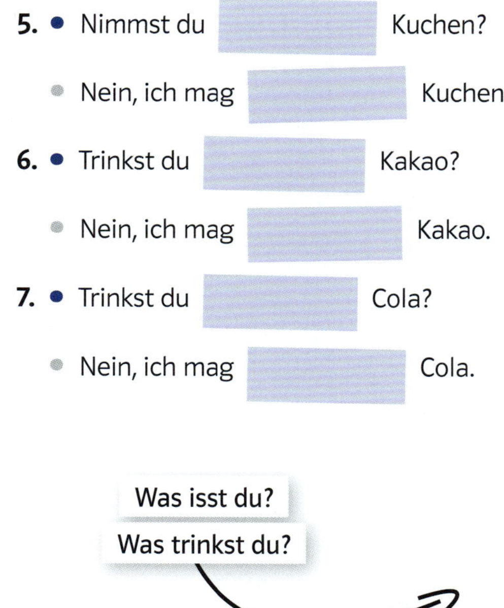

5. • Nimmst du ___ Kuchen?
   • Nein, ich mag ___ Kuchen.
6. • Trinkst du ___ Kakao?
   • Nein, ich mag ___ Kakao.
7. • Trinkst du ___ Cola?
   • Nein, ich mag ___ Cola.

Was isst du?
Was trinkst du?

18 *Nicht, kein-* oder *nichts*? Ergänze.

1. ● Möchtest du ein Schinkenbrot?
   ● Nein, danke, ______ Schinkenbrot.
2. ● Magst du Fisch?
   ● Nein, ich mag ______ Fisch.
3. ● Magst du Käse?
   ● Nein, Käse mag ich ______
4. ● Was isst du?
   ● Ich esse ______ , ich habe ______ Hunger.
5. ● Na, wie schmeckt die Suppe?
   ● ______ besonders gut.
6. ● Möchtest du Kaffee oder Tee?
   ● Danke, ich trinke im Moment ______ .

19 Bilde Minidialoge.

der Fisch / der Fleisch

● *Warum isst du keinen Fisch?*

● *Fisch mag ich überhaupt nicht. Ich esse lieber Fleisch.*

die Pizza / die Nudeln

● ______

● ______

der Reis / die Kartoffeln

● ______

● ______

die Zwiebelsuppe / die Gemüsesuppe

● ______

● ______

die Wurst / der Käse

● ______

● ______

der Apfelkuchen / der Schokopudding

● ______

● ______

20 Ergänze die Tabelle.

	essen	nehmen	mögen
ich	esse		
du			
er, sie, es		nimmt	mag
wir			
ihr			mögt
sie / Sie			

21 Die Verben: ***essen***, ***mögen*** oder ***nehmen***? Ergänze.

1. Zum Frühstück ______ ich ein Croissant.
2. Was ______ wir? Eine Bratwurst oder einen Hamburger?
3. Ich habe keinen Hunger. Ich ______ nichts.
4. ______ du Käse? Ja, Käse ______ ich sehr.
5. Fisch?? Nein, danke, wir ______ keinen Fisch.
6. Ich ______ einen Saft und Max ______ eine Cola.
7. • Was ______ du in der Pause?
   • Ich ______ einen Schokoriegel.
8. • ______ du ein Schinkenbrot?
   • Nein, lieber ein Käsebrot.

22 Hör zu und ergänze die Tabelle. > HÖREN ▶ 26

	Situation 1	Situation 2	Situation 3	Situation 4
Name				
Was zum Mittagessen?				
☺ oder ☹?				

C 23 Wie sagt man das in deiner Muttersprache?

1. der Blumenladen
2. das Schuhgeschäft
3. die Apotheke
4. die Metzgerei
5. die Konditorei
6. die Drogerie
7. die Bäckerei
8. der Supermarkt
9. die Eisdiele
10. das Modegeschäft

24 Wo kauft man das? Ordne zu.

Brot • Fleisch • Medikamente • Äpfel • Rosen • Schinken • Kartoffeln • Aspirin • Duschgel • Croissants • Tomaten • Wurst • Salat • Kuchen • Shampoo

Bäckerei:

Apotheke:

Drogerie:

Gemüsegeschäft:

Metzgerei:

Blumenladen:

25 Antworte.

1. Wo kauft Frau Specht Brot?
2. Wo kauft Frau Specht Wurst?
3. Wo kauft Frau Specht Obst?
4. Wo kauft Frau Specht Gemüse?
5. Wo kauft Frau Specht Shampoo?
6. Wo kauft Frau Specht Käse?

C 26 Bilde Fragen wie im Beispiel.

1. Brot • Bäckerei / Supermarkt *Wo kaufst du Brot? In der Bäckerei oder im Supermarkt?*
2. Kuchen • Bäckerei / Konditorei
3. Wurst • Metzgerei / Markt
4. Milch • Bioladen / Supermarkt
5. Duschgel • Supermarkt / Drogerie
6. Kleidung • Boutique / Kaufhaus

27 Wohin geht Frau Specht jede Woche? Ergänze.

Frau Specht geht jede Woche:

d Bäckerei.	*d* Boutique.	*d* Blumenladen.
d Supermarkt.	*d* Bioladen.	*d* Konditorei.
d Markt.	*d* Apotheke.	

28 Bilde Sätze.

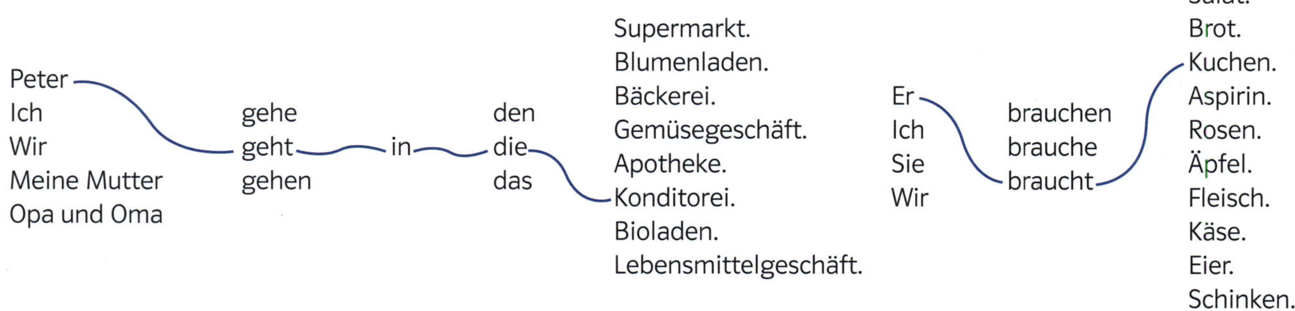

Peter geht in die Konditorei. Er braucht Kuchen.

29 Einladungen. Formuliere die Sätze.

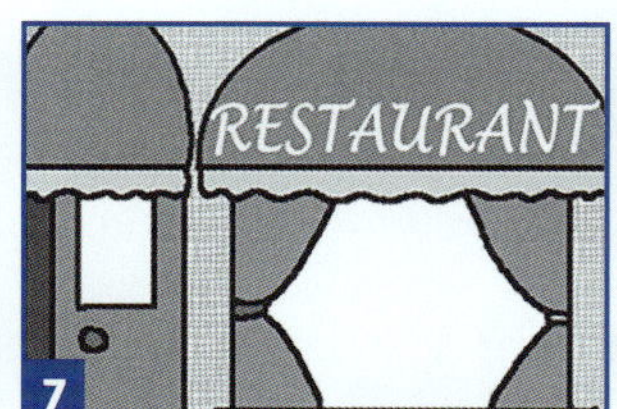

1. *Hast du Lust, in die Eisdiele zu gehen?*
2.
3.
4.
5.
6.
7.
8.

30 Ordne zu.

in der Bäckerei • im Supermarkt • in die Konditorei • im Bioladen • ins Restaurant • im Park • in die Buchhandlung • ins Kino • in die Eisdiele • in der Disco • in der Apotheke • ins Kaufhaus

Wo?	Wohin?

31 *Wo* oder *wohin*? Ergänze.

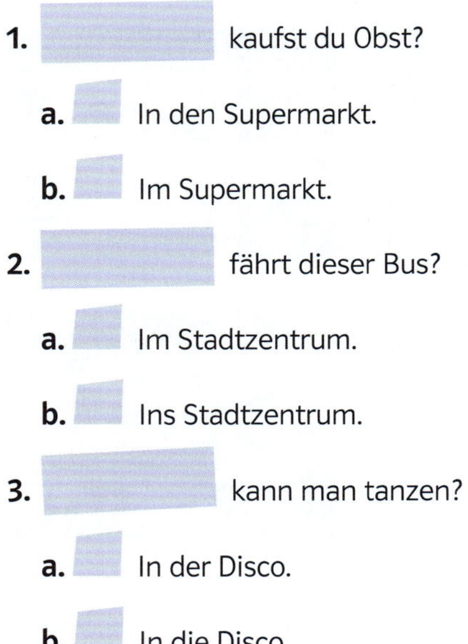

1. ______ kaufst du Obst?
   a. ☐ In den Supermarkt.
   b. ☐ Im Supermarkt.
2. ______ fährt dieser Bus?
   a. ☐ Im Stadtzentrum.
   b. ☐ Ins Stadtzentrum.
3. ______ kann man tanzen?
   a. ☐ In der Disco.
   b. ☐ In die Disco.

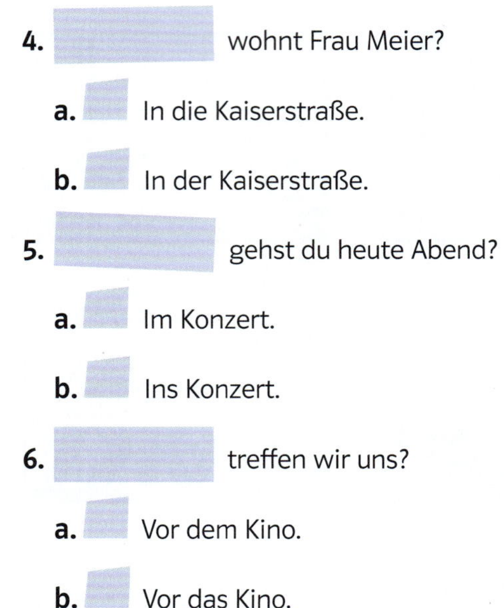

4. ______ wohnt Frau Meier?
   a. ☐ In die Kaiserstraße.
   b. ☐ In der Kaiserstraße.
5. ______ gehst du heute Abend?
   a. ☐ Im Konzert.
   b. ☐ Ins Konzert.
6. ______ treffen wir uns?
   a. ☐ Vor dem Kino.
   b. ☐ Vor das Kino.

32 Ergänze.

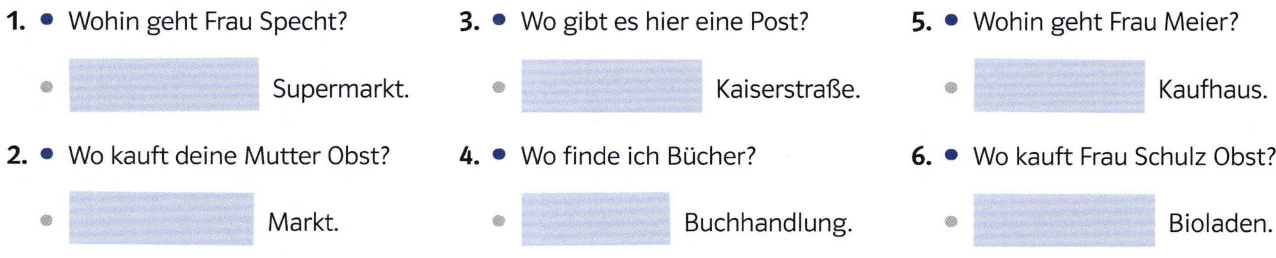

1. • Wohin geht Frau Specht?
   • ______ Supermarkt.
2. • Wo kauft deine Mutter Obst?
   • ______ Markt.
3. • Wo gibt es hier eine Post?
   • ______ Kaiserstraße.
4. • Wo finde ich Bücher?
   • ______ Buchhandlung.
5. • Wohin geht Frau Meier?
   • ______ Kaufhaus.
6. • Wo kauft Frau Schulz Obst?
   • ______ Bioladen.

33 Bilde Sätze.

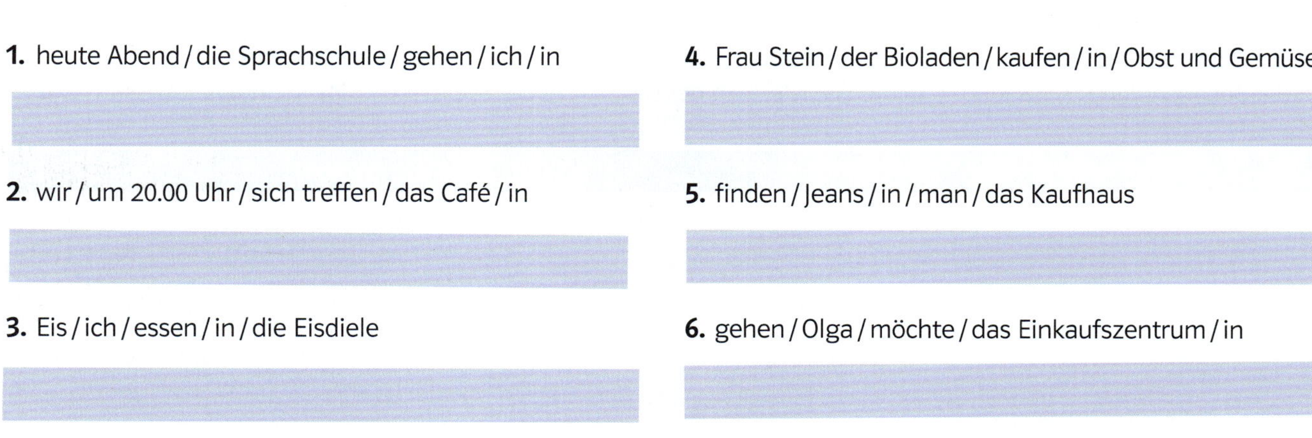

1. heute Abend / die Sprachschule / gehen / ich / in
2. wir / um 20.00 Uhr / sich treffen / das Café / in
3. Eis / ich / essen / in / die Eisdiele
4. Frau Stein / der Bioladen / kaufen / in / Obst und Gemüse
5. finden / Jeans / in / man / das Kaufhaus
6. gehen / Olga / möchte / das Einkaufszentrum / in

Wörtertraining

1 Wie viele Wörter kennst du? Ergänze.

1. -raum: *der*
2. -halle: *die*
3. -geschäft: *das*
4. -laden: *der Bioladen,*

2 Wo kaufst du diese Produkte?

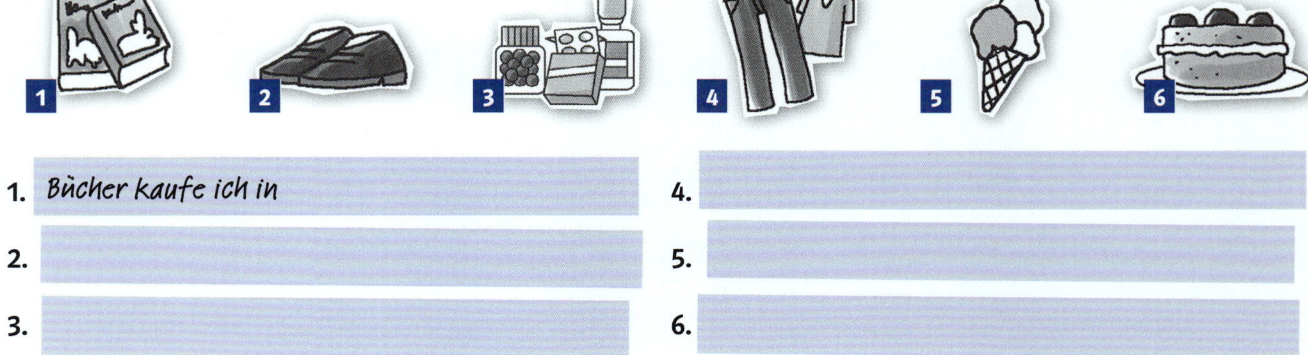

1. *Bücher kaufe ich in*
2.
3.
4.
5.
6.

3 Ergänze die SMS.

Bis • im • am • um • bis • in • vor • um

Hallo, Hanna! Hast du Lust, ____ Montag ins Kino zu gehen? Ich bin ____ 16.00 Uhr ____ Einkaufszentrum. Wir können uns dort treffen, o. k.? Tschüs, Julia

Hallo, Julia! Gute Idee! Ich habe Lust. Aber ich bin ____ 16.00 Uhr ____ der Schule. Ich kann eine halbe Stunde später, also ____ 16.30 Uhr, ____ dem Kino sein. Geht das? ____ bald! Hanna

4 Schreib eine SMS an deine Freundin / deinen Freund.

Idee: Fußballspiel **Treffpunkt:** Stadion **Zeit:** Nachmittag, 17.00 Uhr

A 1 Wie ist das Verb? Was bedeutet das in deiner Muttersprache?

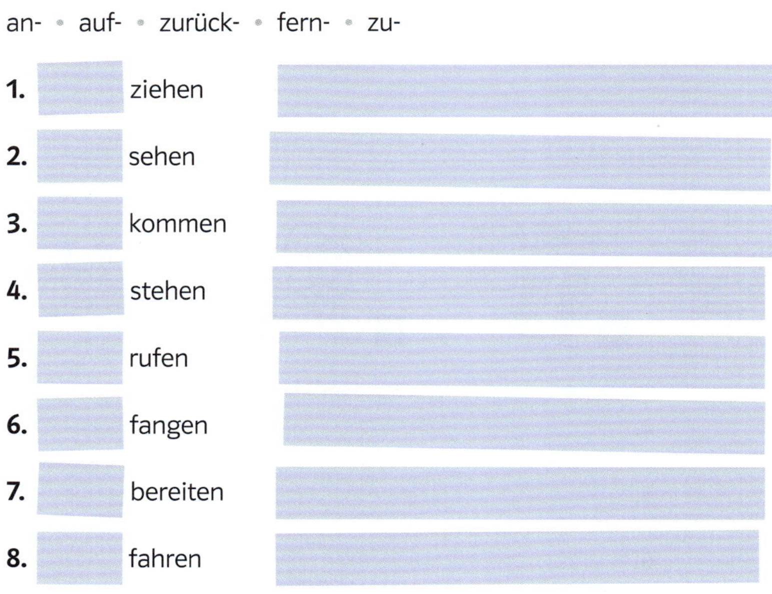

an- • auf- • zurück- • fern- • zu-

1. ___ ziehen ___
2. ___ sehen ___
3. ___ kommen ___
4. ___ stehen ___
5. ___ rufen ___
6. ___ fangen ___
7. ___ bereiten ___
8. ___ fahren ___

2 Welches Verb passt wohin? Ergänze.

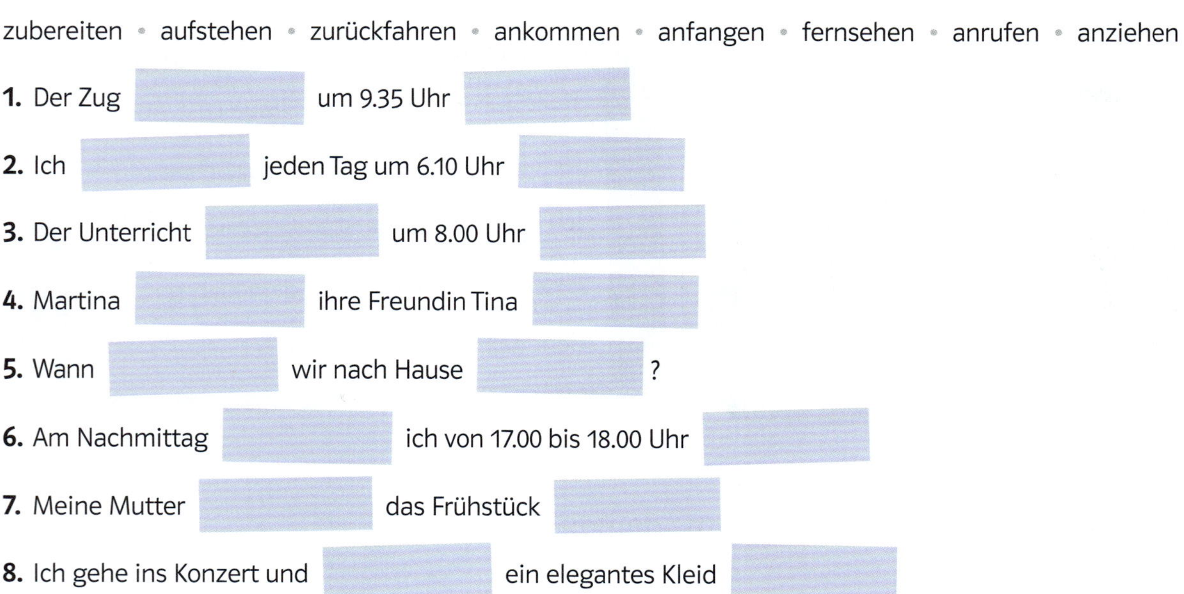

zubereiten • aufstehen • zurückfahren • ankommen • anfangen • fernsehen • anrufen • anziehen

1. Der Zug ___ um 9.35 Uhr ___
2. Ich ___ jeden Tag um 6.10 Uhr ___
3. Der Unterricht ___ um 8.00 Uhr ___
4. Martina ___ ihre Freundin Tina ___
5. Wann ___ wir nach Hause ___?
6. Am Nachmittag ___ ich von 17.00 bis 18.00 Uhr ___
7. Meine Mutter ___ das Frühstück ___
8. Ich gehe ins Konzert und ___ ein elegantes Kleid ___

3 Wie spät ist es? Hör zu und kreuze an. > HÖREN ▶ 27

Situation 1	Situation 2	Situation 3	Situation 4	Situation 5	Situation 6
a. ☐ 9.30	**a.** ☐ 15.10	**a.** ☐ 11.15	**a.** ☐ 10.25	**a.** ☐ 19.30	**a.** ☐ 7.15
b. ☐ 10.30	**b.** ☐ 14.50	**b.** ☐ 11.45	**b.** ☐ 10.35	**b.** ☐ 20.30	**b.** ☐ 6.45

4 Formuliere die Fragen.

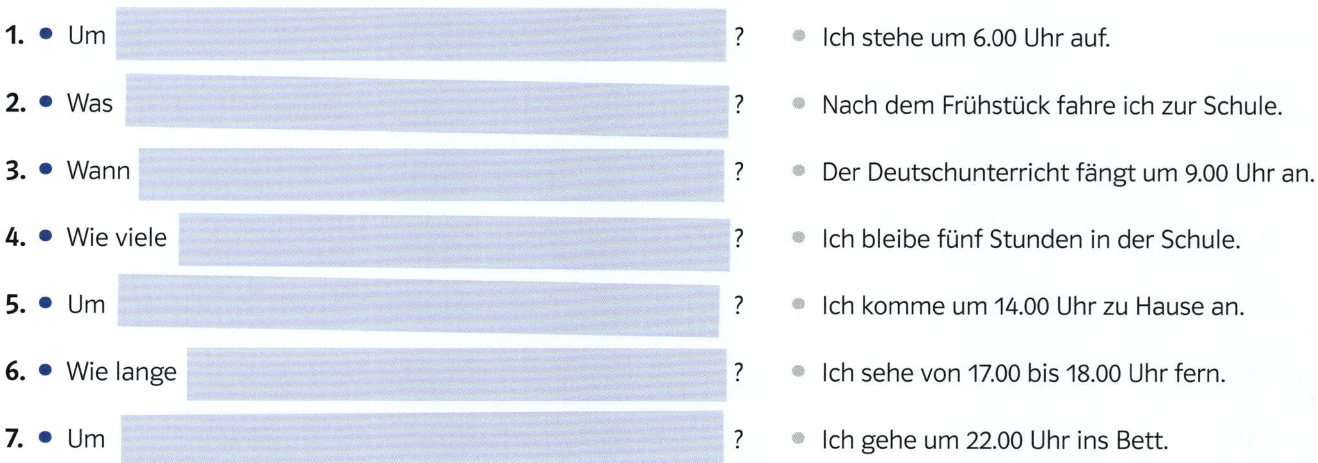

1. • Um ______? ○ Ich stehe um 6.00 Uhr auf.
2. • Was ______? ○ Nach dem Frühstück fahre ich zur Schule.
3. • Wann ______? ○ Der Deutschunterricht fängt um 9.00 Uhr an.
4. • Wie viele ______? ○ Ich bleibe fünf Stunden in der Schule.
5. • Um ______? ○ Ich komme um 14.00 Uhr zu Hause an.
6. • Wie lange ______? ○ Ich sehe von 17.00 bis 18.00 Uhr fern.
7. • Um ______? ○ Ich gehe um 22.00 Uhr ins Bett.

5 Hör zu und schreib die Uhrzeit. > HÖREN ▶ 28

1. Lena steht um ______ Uhr auf.
2. Lea frühstückt um ______ Uhr.
3. Der Bus kommt um ______ Uhr.
4. Um ______ Uhr ist Lea in der Klasse.
5. Der Unterricht fängt um ______ Uhr an.
6. Lea fährt um ______ Uhr nach Hause zurück.
7. Lea ruht sich um ______ Uhr aus.
8. Lea macht um ______ Uhr Hausaufgaben.

6 Der Tagesablauf von Julian. Schreib Sätze.

7.10 Uhr	aufstehen	*Julian steht um 7.10 Uhr auf.*
7.20 Uhr	frühstücken	
7.40 Uhr	zur Schule fahren	
8.00 Uhr	Unterricht, anfangen	
13.10 Uhr	nach Hause zurückfahren	
13.25 Uhr	zu Hause ankommen	
13.30 Uhr	zu Mittag essen	
14.00–15.00 Uhr	fernsehen, sich ausruhen	
15.00–17.00 Uhr	Hausaufgaben machen	
17.10 Uhr	Steffi anrufen	
17.30 Uhr	in die Turnhalle gehen	
19.00 Uhr	zu Abend essen	
20.00–21.30 Uhr	im Internet surfen	
21.45 Uhr	schlafen gehen	

7 Findest du Fehler im Text? Schreib es richtig.

Martins Tag

Martin ist ein ganz normaler deutscher Junge. Er ist 14 und kommt aus Paris. So sieht sein typischer Tag aus: Um 16.00 Uhr steht Martin auf. Um 6.15 Uhr geht er ins Bad. Um 7.00 Uhr isst er ein Brötchen, Müsli und eine Tomatensuppe. Um 7.30 Uhr geht er ins Kino. Um 8.05 Uhr fängt sie an. Er hat heute Mathematik, Deutsch, Geschichte und Englisch. Um 13.10 Uhr ist er mit der Schule fertig und geht nach Hause. Um 14.00 Uhr isst er Spaghetti. Um 15.00 Uhr spielt er mit seinen Freunden Fußball. Um 17.30 Uhr macht er seine Hausaufgaben. Um 18.30 Uhr isst er mit seinen Eltern Brot und trinkt Tee. Um 19.00 Uhr sieht er fern und um 20.30 Uhr surft er noch ein bisschen im Internet. Um 22.00 Uhr geht Martin shoppen.

8 Erzähle deinen Tag.

9 Hilfst du zu Hause beim Haushalt? Kreuze an und erzähle.

	immer	oft	manchmal	nie
das Frühstück zubereiten	☐	☐	☐	☐
die Betten machen	☐	☐	☐	☐
abwaschen	☐	☐	☐	☐
den Tisch decken	☐	☐	☐	☐
den Tisch abdecken	☐	☐	☐	☐
Staub saugen	☐	☐	☐	☐
aufräumen	☐	☐	☐	☐
einkaufen	☐	☐	☐	☐

10 Ergänze die Tabelle.

	fernsehen	lesen	abwaschen	zurückkommen
ich		*lese*		
du	*siehst fern*			
er, sie, es		*liest*		
wir				
ihr				
sie, Sie				

11 Wer macht was? Hör zu und kreuze an. > HÖREN ▶ 29

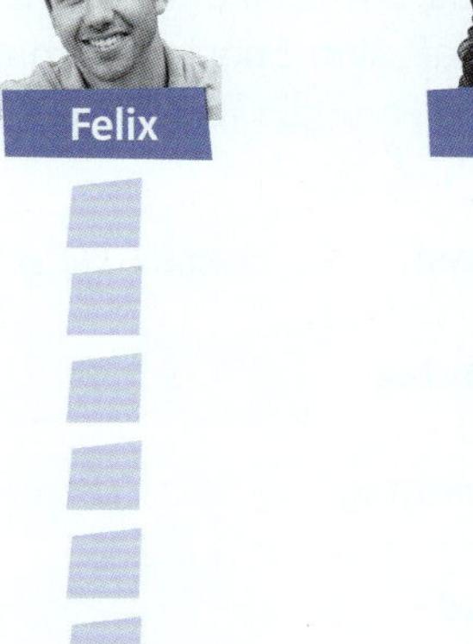

	Felix	Jana
1. Er / Sie steht um 6.00 Uhr auf.	☐	☐
2. Er / Sie verbringt den Vormittag in der Schule.	☐	☐
3. Er / Sie sieht am Vormittag fern.	☐	☐
4. Er / Sie fährt um 13.15 Uhr nach Hause zurück.	☐	☐
5. Er / Sie arbeitet von 14.00 bis 22.00 Uhr.	☐	☐
6. Er / Sie isst sehr spät zu Abend.	☐	☐
7. Er / Sie geht spät schlafen.	☐	☐
8. Er / Sie geht um 21.00 Uhr schlafen.	☐	☐

12 Bilde Sätze.

1. Mittwoch / die Schule / am / anfangen / 9.00 Uhr / um

2. es / dunkel / im Zimmer / sein / und / das Licht / anmachen / ich

3. Steffi / ihre Freundin / Anja / um / anrufen / 17.00 Uhr

4. deine Mutter / zubereiten / wann / das Abendessen / ?

5. der Zug / in München / ankommen / um 14.59 Uhr / pünktlich

13 Lies den Text und schreib über Marlenas Leben in Lübeck.

Mein Tagesablauf als Au-pair

Hallo! Ich bin Marlena, komme aus Polen und wohne im Moment hier in Lübeck bei Familie Eppstein. Ich bin hier als Au-pair. Ein Au-pair-Mädchen wohnt bei einer Familie, passt auf die Kinder auf und hilft im Haushalt. Dafür bekomme ich Unterkunft und Verpflegung (ich habe mein eigenes Zimmer und esse mit der Gastfamilie) und auch 200 € Taschengeld pro Monat. Ich bin seit März hier in Lübeck und bleibe bis Dezember. Familie Eppstein ist sehr sympathisch. Sie hat zwei Kinder: Mirko (10) und Luis (8).
Wie läuft mein Tag ab? Um 6.30 Uhr wecke ich die Kinder. Wir frühstücken zusammen und dann fahren wir zusammen zur Schule. Wir fahren mit dem Bus, die Haltestelle ist direkt vor der Haustür. Mirko und Luis bleiben bis 15.00 Uhr in der Schule. Inzwischen muss ich die Wohnung aufräumen und manchmal einkaufen gehen. Aber ich habe auch Zeit für mich: So kann ich Deutsch lernen, fernsehen oder einfach lesen. Am Nachmittag hole ich die Kinder von der Schule ab. Abends, um 18.00 Uhr, kommt Frau Eppstein nach Hause. Wir bereiten zusammen das Abendessen zu. Das macht richtig Spaß. Herr Eppstein kommt später, gegen 20.00 Uhr, zurück. Am Wochenende habe ich immer frei. So kann ich mit meiner Freundin Tekla etwas unternehmen: Wir treffen uns in der Stadt, gehen shoppen oder fahren nach Hamburg.

Am Morgen *weckt sie die Kinder und*

Am Vormittag

Am Nachmittag

Am Abend

Am Wochenende

B 14 Wohin möchte Herr Meier fahren? Ergänze.

1. das Kino
2. die Apotheke
3. die Peterskirche
4. der Bahnhof *Zum Bahnhof, bitte!*
5. das Kaufhaus
6. die Sprachschule
7. das Theater
8. der Stadtpark

15 Wie fahren sie zur Schule? Schreib Sätze.

1. Michael / der Bus *Michael fährt mit dem Bus.*
2. Olga / die Straßenbahn
3. Olaf / das Taxi
4. Andrea / die U-Bahn
5. Lukas / das Fahrrad
6. Bianka / das Mofa
7. Stefan / der Zug

16 Mit wem machst du was? Schreib Sätze.

mein Bruder *Mit meinem Bruder spiele ich Tennis.*

meine Schwester

meine Oma

mein Freund

meine Freundin

meine Tante

mein Opa

meine Clique

17 Bilde Sätze wie im Beispiel.

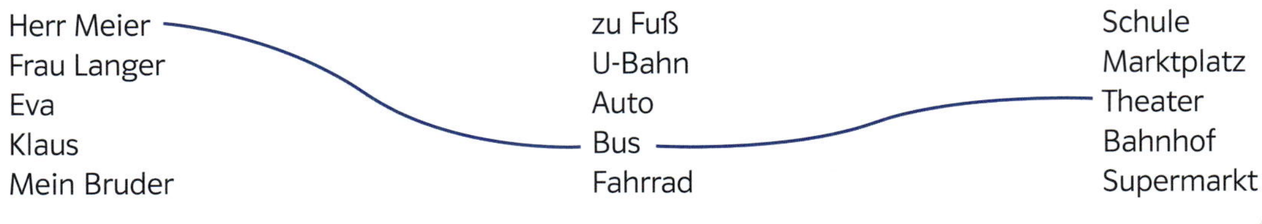

Herr Meier fährt mit dem Bus zum Theater.

______

______

18 Wie kommen sie zur Schule? Warum? Hör zu und kreuze an. > HÖREN ▶ 30

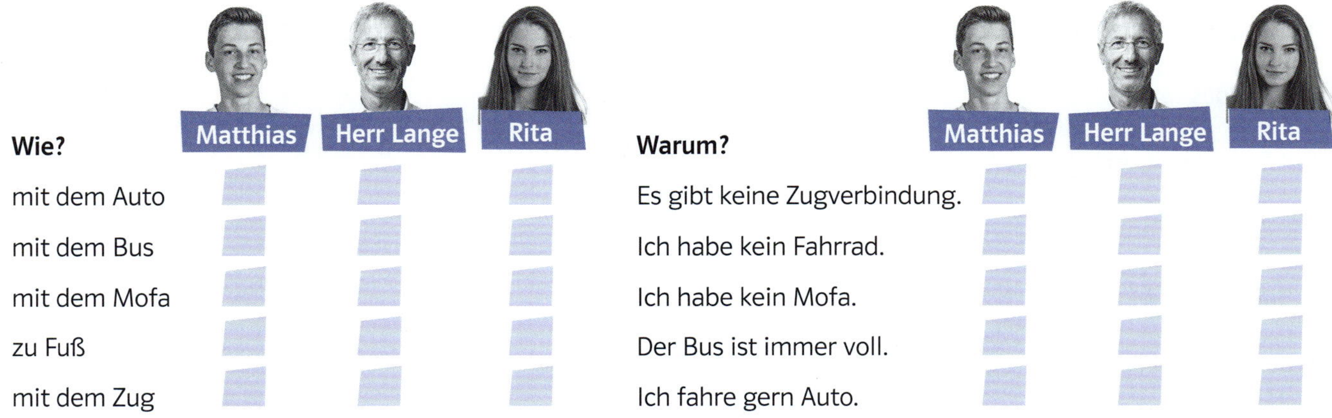

Wie?	Matthias	Herr Lange	Rita
mit dem Auto	☐	☐	☐
mit dem Bus	☐	☐	☐
mit dem Mofa	☐	☐	☐
zu Fuß	☐	☐	☐
mit dem Zug	☐	☐	☐

Warum?	Matthias	Herr Lange	Rita
Es gibt keine Zugverbindung.	☐	☐	☐
Ich habe kein Fahrrad.	☐	☐	☐
Ich habe kein Mofa.	☐	☐	☐
Der Bus ist immer voll.	☐	☐	☐
Ich fahre gern Auto.	☐	☐	☐

19 Sebastians Wochenplan. Schreib Sätze.

Montag	Dienstag	Mittwoch	Donnerstag	Freitag	Samstag	Sonntag
Sprachschule	*Kino*	*nach Berlin*	*Schwimmbad*	*Tennisclub*	*Museum*	*zu Hause*

Am Montag geht Sebastian in die Sprachschule.

______

______

______

______

20 Wie ist dein Wochenplan? Ergänze und erzähle.

Montag	Dienstag	Mittwoch	Donnerstag	Freitag	Samstag	Sonntag

21 ***Zu Hause*** oder ***nach Hause***? Ergänze.

1. Wir sind vier Personen ______
2. Wann kommt Vati ______ zurück?
3. Es ist spät. Ich muss jetzt ______ gehen.
4. Ich bleibe heute Nachmittag ______
5. Um wie viel Uhr kommst du ______ an?
6. Ich esse heute ______
7. Nach der Schule fahren alle Schüler ______
8. Frau Wagner geht nicht ins Büro. Sie arbeitet ______

22 Bilde Sätze.

1. jeden Tag / fahren / ich / mit / Schule / dem Bus / zur
2. am / ins / Herr Schröder / Donnerstag / Fitnessstudio / gehen
3. Herr Schröder / wohin / am / gehen / Freitag / ?
4. der Unterricht / anfangen / um wie viel Uhr / ?
5. fahren / zur / mit / Schule / er / dem Mofa / ?
6. die Wohnung / wann / aufräumen / Herr Schröder / ?

C 23 Was passt zusammen? Ordne zu.

1. Adam und Lukas haben ein Computerspiel …
2. Lukas hat am Sonntag mit Mike …
3. Lenka hat über die Frühlingsmode …
4. Adam ist mit dem Fahrrad gegen den Baum …
5. Sven hat am Wochenende Mathe …
6. Lenka hat italienisch …
7. Lenka und ihre Mutter sind 10 Kilometer …
8. Sven hat die Matheaufgaben an den Lehrer …

a. gemailt.
b. gebloggt.
c. gerast.
d. gekocht.
e. gechattet.
f. gespielt.
g. gelernt.
f. gejoggt.

24 Wie ist das Partizip Perfekt? Verbinde.

1. sehen
2. vergessen
3. verlieren
4. schlafen
5. gehen
6. fahren
7. kochen
8. spielen
9. lernen
10. chatten

a. gechattet
b. vergessen
c. gelernt
d. gespielt
e. geschlafen
f. gekocht
g. gegangen
h. gefahren
i. verloren
j. gesehen

25 Was gehört wohin? Ordne zu.

gesehen • gemailt • gefahren • gebloggt • gekocht • gegangen • gelernt • gejoggt • geschlafen • gerast • gechattet • gespielt

regelmäßige Verben: ge- … -t	unregelmäßige Verben: ge- … -en

26 Ergänze die Fragen.

1. Frau Weill, was *haben Sie* am Wochenende gemacht?
2. Thomas, was ______ am Montag gemacht?
3. Lukas? Was ______ am Samstag gemacht?
4. Bianka und Tim, was ______ am Sonntag gemacht?
5. Frau und Herr Stramm, was ______ am Vormittag gemacht?
6. Herr Kranz, was ______ am Freitag gemacht?

27 Antworte wie im Beispiel.

1. Wann machst du die Hausaufgaben? *Ich habe sie schon gemacht.*
2. Wann lernst du die neue Lektion? ______
3. Wann surfst du im Internet? ______
4. Wann kochst du Spaghetti? ______
5. Wann siehst du deinen Freund? ______
6. Wann bloggst du über die Schule? ______

28 Antworte.

1. Hat Lenka über Sommerferien gebloggt? *Nein, sie hat über Frühlingsmode gebloggt.*
2. Ist Lukas mit dem Auto gegen einen Baum gerast? *Nein,*
3. Hat Sven an den Lehrer Bioaufgaben gemailt? *Nein,*
4. Sind Lenka und ihre Mutter 20 Kilometer gejoggt? *Nein,*
5. Hat Lenka griechisch gekocht? *Nein,*
6. Hat Adam mit Sven ein Computerspiel gespielt? *Nein,*
7. Hat Sven am Wochenende Englisch gelernt? *Nein,*

29 Was antworten die Leute?

1. Frau Weill (Mittagessen kochen) — Ich habe am Wochenende Mittagessen gekocht.
2. Thomas (Mathe lernen) — Am Montag habe
3. Lukas (ein Computerspiel spielen) — Ich
4. Bianka und Tim (ins Kino gehen) — Am Sonntag
5. Frau und Herr Stramm (3 Kilometer joggen) — Am Vormittag
6. Herr Kranz (mit den Schülern mailen) — Ich

30 *Haben* oder *sein*? Ergänze.

Tim und Emma ______ gestern ins Kino gegangen. Tim ______ die Kinokarten vergessen. Tim und Emma ______ schnell zurück zu ihm nach Hause gefahren. Die Kinokarten waren da. Tim und Emma ______ den Film „Star Wars" gesehen. Der Film war super! Nur Emma ______ leider ihre die Tasche verloren.

31 Bilde Sätze im Perfekt.

1. Martina / mailen / jeden Tag / Mesut / mit
2. lernen / am Samstag / zwei Stunden / Englisch / ich
3. mit / dem Auto / wir / fahren / gestern / ins Theater
4. ihr / joggen / wie lange / am Wochenende / ?
5. nicht / Hanna / wir / sehen / in der Schule
6. schlafen / Frau Kranz / heute Nacht / nicht / gut

Wörtertraining

1 Welche Definition ist richtig? Kreuze an.

Jeder Abend ist ein Fest

Das weißt du bestimmt nicht: Die Deutschen feiern jeden Tag nach der Arbeit eine Party. Na ja, so ganz richtig ist das nicht. Aber die Zeit nach der Arbeit heißt auf Deutsch *Feierabend*. Kurz vor 17.00 oder 18.00 Uhr sagt man zu den Kollegen: „Schönen Feierabend!" Und was machen die Deutschen am Feierabend? Sie treiben Sport, sehen fern, gehen ins Restaurant oder treffen sich mit Freunden.

1. ☐ Der Feierabend ist eine Party mit Kollegen.
2. ☐ Der Feierabend ist die Zeit nach der Arbeit.
3. ☐ Der Feierabend ist ein Hobby.

2 Welche Verben gehören wohin?

lange fernsehen • abwaschen • das Essen zubereiten • Bücher lesen • einen Kaffee trinken • Rad fahren • Freunde treffen • die Wohnung aufräumen • im Supermarkt einkaufen • spät aufstehen • Staub saugen • Betten machen • den Tisch decken

Haushalt	
Freizeit	

3 Antworte im Perfekt.

1 
2 
3 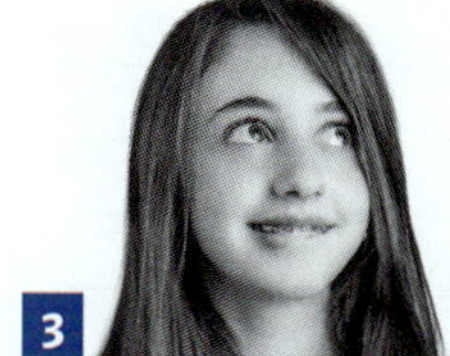
4 

1. Laura, warum bist du so müde? ______
2. Luca, warum bist du so glücklich? ______
3. Lea, warum bist du zu spät gekommen? ______
4. Tim, warum warst du gestern nicht im Kino? ______

Trackliste Kursbuch

Track	Lektion, Übung	Länge
1	L1, Ü1	00:22
2	L1, Ü5	00:47
3	L1, Ü6	00:35
4	L1, Ü8	00:29
5	L1, Ü10	00:43
6	L1, Ü15	00:54
7	L1, Ü17	00:42
8	L1, Ü24	00:11
9	L1, Phonetik, Ü1	00:36
10	L1, Zwischenstopp 1, Ü3	01:04
11	L2, Ü1	00:55
12	L2, Ü5	00:36
13	L2, Ü6	00:21
14	L2, Ü7	00:27
15	L2, Ü9	01:04
16	L2, Ü11	00:25
17	L2, Ü13	00:37
18	L2, Ü15	01:12
19	L2, Ü19	01:19
20	L2, Ü21	00:37
21	L2, Phonetik, Ü1	00:45
22	L2, Phonetik, Ü2b	00:33
23	L2, Zwischenstopp 2, Ü4	01:15
24	L2, Zwischenstopp 2, Ü5	00:41
25	L3, Ü1	00:19
26	L3, Ü4	00:48
27	L3, Ü6	00:48
28	L3, Ü9	00:37
29	L3, Ü10	00:36
30	L3, Ü12	00:37
31	L3, Ü15	00:53
32	L3, Phonetik, Ü1	00:44
33	L3, Phonetik, Ü2	00:44
34	L3, Phonetik, Ü3	00:29
35	L3, Zwischenstopp 3, Ü4	00:26
36	L3, Zwischenstopp 3, Ü5	00:25
37	L4, Ü1	00:29
38	L4, Ü4	00:57
39	L4, Ü8	00:36
40	L4, Ü13	00:42
41	L4, Ü16	01:21
42	L4, Phonetik, Ü1a	00:25
43	L4, Phonetik, Ü1b	00:17
44	L4, Phonetik, Ü3	00:18
45	L4, Zwischenstopp 4, Ü4	01:26
46	L5, Ü1	01:52
47	L5, Ü7	00:38

Track	Lektion, Übung	Länge
48	L5, Ü8	00:22
49	L5, Ü11	00:32
50	L5, Ü13	00:19
51	L5, Phonetik, Ü1	00:31
52	L5, Zwischenstopp 5, Ü3	01:22
53	L6, Ü2	00:52
54	L6, Ü4	00:24
55	L6, Ü7	01:11
56	L6, Ü8	00:25
57	L6, Ü13	00:20
58	L6, Ü14	00:34
59	L6, Ü17	01:27
60	L6, Phonetik, Ü1a	00:25
61	L6, Phonetik, Ü1b	00:16
62	L6, Phonetik, Ü2a	00:26
63	L6, Phonetik, Ü2b	00:16
64	L6, Zwischenstopp 6, Ü2	01:24
65	L7, Ü2	00:42
66	L7, Ü4	00:19
67	L7, Ü6	01:12
68	L7, Ü9	01:10
69	L7, Ü10	00:17
70	L7, Ü12	01:00
71	L7, Phonetik, Ü1	00:43
72	L7, Phonetik, Ü2	00:56
73	L7, Zwischenstopp 7, Ü2	01:06
74	L8, Ü1	00:34
75	L8, Ü9	00:45
76	L8, Ü16	02:26
77	L8, Phonetik, Ü1	00:36
78	L8, Phonetik, Ü3	00:20
79	L8, Zwischenstopp 8, Ü3	01:25
80	L9, Ü8	00:39
81	L9, Ü12	01:33
82	L9, Ü15	00:31
83	L9, Phonetik, Ü1a	00:32
84	L9, Phonetik, Ü1b	00:21
85	L9, Phonetik, Ü2	00:21
86	L9, Zwischenstopp 9, Ü2	01:24
87	L10, Ü1	01:29
88	L10, Ü8	01:19
89	L10, Ü10	00:38
90	L10, Ü13	00:42
91	L10, Ü16	00:45
92	L10, Phonetik, Ü1	00:33
93	L10, Phonetik, Ü2	00:24
94	L10, Zwischenstopp 10, Ü3	02:09

gesamt: 72:25

Trackliste Übungsbuch

Track	Lektion, Übung	Länge
1	L1, Ü6	00:17
2	L1, Ü12	00:35
3	L1, Ü18	00:20
4	L2, Ü9	00:32
5	L2, Ü11	00:57
6	L2, Ü13	00:43
7	L2, Ü15	00:45
8	L2, Ü22	00:37
9	L3, Ü11	00:37
10	L3, Ü14	00:42
11	L3, Ü22	00:30
12	L4, Ü9	00:27
13	L4, Ü10	00:57
14	L4, Ü23	01:09
15	L5, Ü6	00:48

Track	Lektion, Übung	Länge
16	L5, Ü25	00:48
17	L6, Ü8	00:55
18	L6, Ü16	00:51
19	L6, Ü22	00:58
20	L7, Ü9	01:06
21	L7, Ü20	00:43
22	L8, Ü20	01:59
23	L8, Ü26	01:50
24	L9, Ü8	01:41
25	L9, Ü9	00:55
26	L9, Ü22	01:48
27	L10, Ü3	00:41
28	L10, Ü5	01:06
29	L10, Ü11	01:08
30	L10, Ü18	01:34

gesamt: 29:15

Tonaufnahmen

Sprecher: Kim Engelhardt, Lucie Glasmeyer, Luzie Marquardt, Stefan Moos, Matthew Popp, Felix Rick, Jenny Ulbricht, David Wurm
Tontechnik: Daniel Keinath
Produktion: Bauer Studios GmbH, Ludwigsburg (internationale Ausgabe)

Bild- und Quellennachweis

3 Thinkstock (Jupiterimages), München; **4** Shutterstock (Monkey Business Images), New York; **6** Shutterstock (Helder Almeida), New York; **8** Shutterstock (Monkey Business Images), New York; **9** Shutterstock (Monkey Business Images), New York; **10.1** Shutterstock (Monkey Business Images), New York; **10.2** Thinkstock (Fuse), München; **11.1** Shutterstock (Monkey Business Images), New York; **11.2** Thinkstock (Thinkstock Images), München; **11.3** Thinkstock (Oxana Lebedeva), München; **11.4** Thinkstock (koufax73), München; **11.5** Thinkstock (Wavebreakmedia Ltd), München; **11.6** Thinkstock (Deirdre Rusk), München; **11.7** Thinkstock (Phili19), München; **11.8** Thinkstock (KiltedArab), München; **11.9** Thinkstock (ene), München; **12.1** Shutterstock (Monkey Business Images), New York; **12.2** Shutterstock (Monkey Business Images), New York; **12.3** Shutterstock (Indigo Fish), New York; **12.4** Shutterstock (Straight 8 Photography), New York; **12.5** Shutterstock (Air Images), New York; **13.1** mauritius images (Science Faction), Mittenwald; **13.2** Imago (ZUMA Press), Berlin; **13.3** Alamy (age fotostock), Abingdon, Oxfordshire; **13.4** mauritius images (Screen Prod), Mittenwald; **14.1** Shutterstock (Ambrophoto), New York; **14.2** Thinkstock (beichh4046), München; **14.3** Shutterstock (Jeanette Dietl), New York; **14.4** Thinkstock (Jupiterimages), München; **14.5** Shutterstock (LiuSol), New York; **14.6** Thinkstock (excentric_01), München; **14.7** Thinkstock (Ryan McVay), München; **14.8** Thinkstock (James Woodson), München; **14.9** Shutterstock (Monkey Business Images), New York; **14.10** Shutterstock (Monkey Business Images), New York; **15.2** grundmanngestaltung, Karlsruhe; **18** grundmanngestaltung, Karlsruhe; **19.1** Thinkstock (rvlsoft), München; **19.2** Thinkstock (bruev), München; **19.3** Thinkstock (Gregory Johnston), München; **19.4** grundmanngestaltung, Karlsruhe; **20.1** Thinkstock (Zeljko Bozic), München; **20.2** Shutterstock (herjua), New York; **20.3** Thinkstock (Design Pics), München; **21.1** Thinkstock (Zeljko Bozic), München; **21.2** Shutterstock (Piotr Marcinski), New York; **24.1** Shutterstock (sagir), New York; **24.2** Shutterstock (Baloncici), New York; **24.3** Shutterstock (vectorOK), New York; **24.4** Shutterstock (Ioan Panaite), New York; **24.5** Shutterstock (Room27), New York; **24.6** Shutterstock (Photobac), New York; **24.7** Shutterstock (Artbox), New York; **26** Shutterstock (Monkey Business Images), New York; **27.1** Thinkstock (Jupiterimages), München; **27.2** grundmanngestaltung, Karlsruhe; **30** grundmanngestaltung, Karlsruhe; **31.1** Thinkstock (aislan13), München; **31.2** Thinkstock (Dzhamiliya Ermakova), München; **31.3** Thinkstock (issalina), München; **31.4** grundmanngestaltung, Karlsruhe; **31.5** Thinkstock (alexabelov), München; **31.6** Thinkstock (NickNick_ko), München; **31.7** Thinkstock (foto-rolf), München; **31.8** Thinkstock (nilky), München; **32.1** Thinkstock (Zeljko Bozic), München; **32.2** Thinkstock (elxeneize), München; **32.3** Thinkstock (moodboard), München; **33.1** Thinkstock (Zeljko Bozic), München; **33.2** Thinkstock (Ingram Publishing), München; **36** Shutterstock (vvoe), New York; **38.1** Shutterstock (MJTH), New York; **38.2** Shutterstock (Luisa Fumi), New York; **38.3** Thinkstock (maunzel), München; **38.4** Shutterstock (Max Topchii), New York; **40.1** Shutterstock (Helder Almeida), New York; **40.2** Thinkstock (Purestock), München; **40.3** Shutterstock (Karen Wunderman), New York; **40.4** Thinkstock (Comstock), München; **40.5** Thinkstock (Jupiterimages), München; **40.6** Thinkstock (Kristina Afanasyeva), München; **40.7** Shutterstock (Indigo Fish), New York; **41.1** Shutterstock (Indigo Fish), New York; **41.2** grundmanngestaltung, Karlsruhe; **44** grundmanngestaltung, Karlsruhe; **45.1** Thinkstock (Zoonar RF), München; **45.2** Thinkstock (Zoonar RF), München; **45.3** Shutterstock (Sergey Kelin), New York; **45.4** Shutterstock (Leonid Andronov), New York; **45.5** Thinkstock (bluejayphoto), München; **45.6** Shutterstock (Sean Pavone), New York; **45.7** grundmanngestaltung, Karlsruhe; **46** Thinkstock (Zeljko Bozic), München; **47.1** Thinkstock (Zeljko Bozic), München; **47.2** Shutterstock (massimofusaro), New York; **47.3** Copyright: Stadt Augsburg, Geodatenamt; **48** Thinkstock (alexdndz), München; **48** Thinkstock (alexdndz), München; **50.1** Olaf Stemme/ Ips International; **50.2** getty images (Adam Burn/fstop), München; **50.3** Thinkstock (Highwaystarz-Photography), München; **50.4** Thinkstock (CynthiaAnnF), München; **50.5** Thinkstock (michaklootwijk), München; **51** iStockphoto (Renphoto), Calgary, Alberta; **53.1** Shutterstock (Wolna), New York; **53.2** Shutterstock (Nattika), New York; **53.3** Thinkstock (Zaneta Baranowska), München; **53.4** Shutterstock (Rudchenko Liliia), New York; **53.5** Shutterstock (Yevgen Romanenko), New York; **53.6** Thinkstock (SvitlanaMartyn), München; **54.1** iStockphoto (DRB Images, LLC), Calgary, Alberta; **54.2** Thinkstock (Zeljko Bozic), München; **54.3** Thinkstock (HandmadePictures), München; **54.4** Shutterstock (Nattika), New York; **54.5** Thinkstock (specnaz-s), München; **54.6** Thinkstock (Picsfive), München; **54.7** Shutterstock (Elena Elisseeva), New York; **54.8** Shutterstock (oriori), New York; **54.9** Thinkstock (Top Photo Corporation), München; **54.10** Thinkstock (Denira777), München; **54.11** Thinkstock (sommail), München; **54.12** Thinkstock (Mikhail Abramov), München; **54.13** Shutterstock (Svitlana-ua), New York; **54.14** Shutterstock (Somchai Som), New York; **54.15** Thinkstock (karandaev), München; **54.16** Thinkstock (karandaev), München; **54.17** Thinkstock (xfotostudio), München; **54.18** Thinkstock (likstudio), München; **54.19** Thinkstock (ValentynVolkov), München; **55.1** iStockphoto (jaroon), Calgary, Alberta; **55.2** iStockphoto (Ridofranz), Calgary, Alberta; **55.3** iStockphoto (Claudiad), Calgary, Alberta; **56** Dreamstime.com (Tomnex), Brentwood, TN; **57** grundmanngestaltung, Karlsruhe; **60** grundmanngestaltung, Karlsruhe; **61.1** Thinkstock (Foxys_forest_manufacture), München; **61.2** Shutterstock (R.Babakin), New York; **61.3** Thinkstock (Radu Bercan), München; **61.4** Shutterstock (InnaFelker), New York; **61.5** grundmanngestaltung, Karlsruhe; **62.1** Thinkstock (Zeljko Bozic), München; **62.2** Thinkstock (dor-riss), München; **62.3** Thinkstock (Jupiterimages), München; **63.1** Thinkstock (Zeljko Bozic), München; **68.1** Shutterstock (Introwiz1), New York; **68.2** Shutterstock (Konstantin Faraktinov), New York; **68.3** Thinkstock (Kristina Afanasyeva), München; **69.1** Shutterstock (Monkey Business Images), New York; **69.2** Thinkstock (Comstock), München; **69.3** Thinkstock (Jupiterimages), München; **69.4** iStockphoto (Cindy Singleton), Calgary, Alberta; **70** Shutterstock (Monkey Business Images), New York; **71.1** Thinkstock (rvlsoft), München; **71.2** grundmanngestaltung, Karlsruhe; **74** grundmanngestaltung, Karlsruhe; **75.1** Thinkstock (JHRS), München; **75.2** grundmanngestaltung, Karlsruhe; **76** Thinkstock (Zeljko Bozic), München; **77** Thinkstock (Zeljko Bozic), München; **78** Thinkstock (alexdndz), München; **81.1** Shutterstock (RimDream), New York; **81.2** Shutterstock (Arina P Habich), New York; **81.3** Shutterstock (Elena Stepanova), New York; **81.4** Shutterstock (Maria Bobrova), New York; **81.5** Shutterstock (Monkey Business Images), New York; **81.6** Shutterstock (Pavel L Photo and Video), New York; **81.7** Shutterstock (gopixa), New York; **81.8** Shutterstock (Nadino), New York; **81.9** Shutterstock (bikeriderlondon), New York; **82.1** Shutterstock (DGLimages), New York; **82.2** Shutterstock (Alberto Zornetta), New York; **82.3** Shutterstock (Sergey Novikov), New York; **83.1** Shutterstock (MilsiArt), New York; **83.2** Shutterstock (Vangert), New York; **83.3** Shutterstock (cynoclub), New York; **83.4** Shutterstock (Eric Isselee), New York; **83.5** Shutterstock (Photok.dk), New York; **83.6** Shutterstock (gillmar), New York; **83.7** Shutterstock (Eric Isselee), New York; **83.8** Shutterstock (Igor Kovalchuk), New York; **84.1** Shutterstock (Eric Isselee), New York; **84.2** Shutterstock (MilsiArt), New York; **84.3** Shutterstock (Igor Kovalchuk), New York; **84.4** Shutterstock (Photok.dk), New York; **84.5** Shutterstock (Eric Isselee), New York; **84.6** Shutterstock (gillmar), New York; **84.7** Shutterstock (cynoclub), New York; **84.8** Shutterstock (Vangert), New York; **88** Thinkstock (Comstock Images), München; **89.1** grundmanngestaltung, Karlsruhe; **89.2** Thinkstock (Mike Watson Images), München; **89.3** Shutterstock (auremar), New York; **89.4** Thinkstock (nemirkovic), München; **89.5** Thinkstock (Brigitte Riemer), München; **89.6** Thinkstock (Gary Faber), München; **90.1** Shutterstock (ArTono), New York; **90.2** Shutterstock (Uwe Landgraf), New York; **90.3** Thinkstock (Linleo), München; **93.2** Shutterstock (Sergey Peterman), New York; **94.1** Shutterstock (vectorOK), New York; **94.2** Shutterstock (Sirichai Akkarapat), New York; **94.3** Shutterstock (Customdesigner), New York; **94.4** Shutterstock (Room27), New York; **94.5** Shutterstock (Artbox), New York; **94.6** Shutterstock (Photobac), New York; **94.7** Shutterstock (ffolas), New York; **94.8** Shutterstock (Ioan Panaite), New York; **94.9** Shutterstock (Baloncici), New York; **94.10** Shutterstock (sagir), New York; **99.1** grundmanngestaltung, Karlsruhe; **99.2** Thinkstock (Konstantinos Kokkinis), München; **99.3** Thinkstock (Hemera Technologies), München; **99.4** Thinkstock (kvkirillov), München; **99.5** Thinkstock (vicnt), München; **101.1** Shutterstock (Room27), New York; **101.2** Shutterstock (Igor Klimov), New York; **101.3** Thinkstock (iZhenya), München; **101.4** Thinkstock (popovaphoto), München; **108.1** Shutterstock (goodluz), New York; **108.2** Shutterstock (Suzanne Tucker), New York; **108.3** Shutterstock (Luminis), New York; **108.4** Shutterstock (Monkey Business Images), New York; **109.1** grundmanngestaltung, Karlsruhe; **109.2** Shutterstock (Luminis), New York; **109.3** Shutterstock (Edyta Pawlowska), New York; **110.1** Thinkstock (Photodsotiroff), München; **110.2** Thinkstock (Ingram Publishing), München; **110.3** Thinkstock (VikZa), München; **110.4** Thinkstock (ClaudioVentrella), München; **110.5** Thinkstock (Comstock Images), München; **110.6** Thinkstock (Fuse), München; **110.7** Thinkstock (Jupiterimages), München; **110.8** Thinkstock (Louis-Paul St-Onge), München; **112.1** iStockphoto (Shelly Perry), Calgary, Alberta; **112.2** Shutterstock (BestPhotoPlus), New York; **116.1** Shutterstock (Monkey Business Images), New York; **116.2** Shutterstock (Konstantin Chagin), New York; **116.3** Shutterstock (Banana Power), New York; **116.4** Shutterstock (Monkey Business Images), New York; **117** Shutterstock (Ivonne Wierink), New York; **121.1** grundmanngestaltung, Karlsruhe; **121.2** Thinkstock (rvlsoft), München; **124** Shutterstock (auremar), New York; **125.1** Shutterstock (eurobanks), New York; **125.2** Shutterstock (SnowWhiteimages), New York; **126** iStockphoto (Shelly Perry), Calgary, Alberta; **128.1** Shutterstock (Jorg Hackemann), New York; **128.2** Shutterstock (Alberto Zornetta), New York; **128.3** Shutterstock (Max Topchii), New York; **130.1** Thinkstock (Comstock), München; **130.2** iStockphoto (Cindy Singleton), Calgary, Alberta; **130.3** Thinkstock (Jupiterimages), München; **130.4** Shutterstock (Monkey Business Images), New York; **133.1** grundmanngestaltung, Karlsruhe; **133.2** Thinkstock (g-stockstudio), München; **133.3** Thinkstock (erikreis), München; **133.4** Shutterstock (vita khorzhevska), New York; **133.5** iStockphoto (carlosalvarez), Calgary, Alberta; **133.6** iStockphoto (Juanmonino), Calgary, Alberta